U0152081

中學生作文診所

想像作文

李浩英 主編
蒲基維 校閱

出版說明

語文能力涵蓋了「聆聽」、「說話」、「閱讀」與「寫作」等能力，其中「聆聽」與「說話」是屬於語言方面的運用，而「閱讀」與「寫作」則屬於文字（或文章）方面的運用。單就文字（或文章）的運用能力來說，「閱讀」與「寫作」實爲一體兩面的互動行爲。一般而言，作家在創作之前，已經形成自我的基本風格和中心情理（主旨），再經由主觀的觀察、記憶、聯想、想像等過程，蒐集適當的材料而形成意象，透過相對應的符號（一般稱爲文字）表現出來，或進一步運用文學技巧（一般是修辭）以美化意象；另一方面又透過邏輯思維以組織材料的客觀條理，逐步積字成句，積句成篇，以完成文章的創作，而字句的邏輯稱爲文法，篇章的邏輯則稱爲章法。這是寫作的心理過程，一般呈順向發展。我們閱讀文章時，通常會透過文學作品中的材料，以瞭解其個別意象，並藉由意象之符號體會其詞彙與修辭的美感；另一方面，又透過文法以瞭解字句的條理，運用章法以分析篇章的邏輯；再進一步結合主觀的形象美感與客觀的邏輯思維，逐步推展出文章的核心情理，並歸結出文章的韻味與風格。這是閱讀（含鑑賞）的心理過程，一般呈逆向推展。由上述歷程可知，「閱讀」與「寫作」就是逆向與順向的互動關係，更可見出「寫作能力」實爲語文綜合能力的展現。

寫作能力的培養愈早愈好，在中、小學階段若能進行有計畫的寫作訓練，將可有效提升學生的語文能力，奠定良好的語文表達的基礎。近十年來，由於教育的改革牽動了教育多元化的發展，卻也忽略了中、小學生寫作能力的培養，導致學生寫作能力普遍低落。直至幾年前，臺灣教育當局鑑於學子寫作能力低劣的嚴重性，開始研議在基本學力考試中恢復寫作測驗，此舉固然引發多方討論，卻爲臺灣語文教育帶來一道曙光。這項教育決策，從二〇〇六年的試考，到二〇〇七年正式列入國中基本學力測驗的考試科目，在命題與評閱方面亦建立了較爲公平客觀的標準，使臺灣中學生的語文教育回歸正常化，也帶動了學校及民間單位投入作文教學的新趨勢。

作文教學是語文教育中的重要環節，從教法的研究、教材的編寫、作業的批改和級分的評量等等，都需要完整的程序設計，才能有效訓練學生的寫作能力。由於各界用心的投注，目前有許多作文教學師資的培育，提供了寫作訓練的理論與實務訊息，語文教師可以多方接收新穎而實用的作文教法；另一方面，坊間爲配合一般寫作及基測作文所編寫的各式教材，也能提供語文教師教學之用。唯今（二〇〇七）年是基測寫作測驗實施第二年，學生所累積的作品數仍嫌不足，未能抽選學生的作品樣卷，更遑論具體呈現臺灣本地國中學生的寫作實況。所以，目前坊間仍未出現以「作文評改」爲主軸的教學範本。有鑑於此，我們試圖引薦海峽對岸所出版的《中學生作文診所》叢書，精選其《想像作文》與《分類作文》兩冊，作爲我們寫作教學的重要參考。本叢書就是以「作文評改」爲主軸的教材，其主要特色有四：

一、涵蓋各種程度的學生作品

本套叢書的編排體例，分「重症區」、「微恙區」和「健康區」三個區塊。所謂「重症區」收錄了缺點較多的學生病文；「微恙區」的學生作品在整體立意結構上問題不大，只有一些小毛病需要改進；至於「健康區」則收錄了值得展示的優秀作文。這樣分級分等的編排方式，相較於一般坊間只收錄優秀範文的作文書，更具有參考的價值。

二、作品的題材多樣而新穎

這套叢書所收錄的作品非常多樣，如《分類作文》的「人物畫廊」、「身邊的故事」、「風景如畫」、「想像天地」、「青春論壇」、「我讀我看」等，《想像作文》的「繽紛夢想」、「科幻天空」、「童話寓言」、「故事新編」、「全新創作」等，在題材與內容方面也多能結合現代生活新知，頗能契合新世代學子的思維，足以提供充分而適切的寫作範本。

三、評改詳盡，對症下藥

這套叢書是以「作文評改」為主軸的作文教材，針對「重症區」的病文歸納出寫作上的「十大病症」，進而對症下藥，並提出改進意見與範文重寫；至於「微恙區」的病文，包含字句的錘鍊、內容材料的應用、整體篇章結構與主旨的呈現，也多能提供精密而詳盡的寫作意見。

四、文中精批與文末點評並呈

作文評改除了缺點的改正之外，對於學生作品的優點仍需要用心發掘。本套叢書在文中的「精批」與文末的「點評」就發揮了這項功能。「精批」是針對局部的遣詞造句與材料運用提出看法，「點評」則就文章整體的主旨呈現與謀篇布局點出意見，具有畫龍點睛、提綱挈領的效果。本書兼顧了學生作品的局部與整體，是作文評改上值得參照學習的範本。

我們出版這套叢書，儘量能維持原書的編寫風格，唯兩岸的生活環境、詞彙用語、意識型態仍有所差異，基於書中內容的適用性，我們刪改了原書的某些詞彙與觀念，並加入臺灣地區常用的寫作教學之重要概念。至於含有特殊意識型態的作品則不收錄，期能符合國內學子與教師在寫作教學上的需求。本套叢書出版倉促，在校閱與修訂上仍有許多缺漏，祈各方不吝賜教，提供我們寶貴的意見。

蒲基維　寫於南港寓所
2007/9/4

前　言

作文難寫，作文寫不好，作文大毛病小毛病不斷，總之，寫作文是一件當下讓眾多中學生朋友們頭疼的事情。但是，作文寫作中出現的各種問題並不是不可解決的，正如我們人自身有了毛病可以找醫生治療一樣，有病的——也就是有問題的作文，同樣可以在被修改之後成爲優秀的作文。鑒於目前中學生作文寫作中面臨的種種境況，爲了更好、更快、更直接、更方便地提高大家的寫作水平，我們從成千上百篇在校中學生的作文中層層篩選、認眞甄別、精心構思，從而做成《作文診所》圖書，成爲時下圖書市場上一個獨特的系列。

《作文診所》叢書體例新穎，編排精當，所選文章的內容貼近生活，有時代性，充分展示了當代中學生的風采。

在體例的編排上，全書分「重症區」、「微恙區」和「健康區」三大板塊。「重症區」包含十大病症，都是結合中學生朋友們在寫作常出現的毛病及常最容易丟分的地方精心總結而成。「重症區」的文章，相對而言都是要動大手術的，針對每一個重症，我們都給出最能代表此類病症的病文，讓大家在看病文的過程中體會自己在寫作中需要注意的地方，吸取教訓，總結經驗；每一篇病文後由「坐診醫生」開出處方，給出修改方案，比如此篇病文在結構上有何失誤之處，開頭和結尾存在哪些隱患，立意上怎樣淪於平庸等，結合病文中的實例，一面給出具體的修改意見，一面從方法上教給大家在寫作中如何避免此類失誤的出現，可謂事理畢備。

「微恙區」所選文章在整體上是相對優秀的，文章結構或立意等都沒有什麼欠缺，只是在個別地方存在小毛病，好比人身上偶爾得個頭痛腦熱什麼的，都屬正常現象。但這樣的小毛病如果我們不予重視不加治療，而是任其發展下去那也是會病情加重的，這樣的作文在考場自然也就失去了得高分的機會。所以我們精心選編出一批這樣的文章，加以分析，找出其「小恙」之處，比如詞語搭配不當、關聯詞誤用、主謂不一致……在此基礎上開出「處方」，讓中學生朋友們在整體把握了作文寫作技巧之後學會追求完美，爭取寫出滿分作文。

「健康區」，顧名思義就是展示的優秀範文，前面兩個板塊讓大家認識了作文寫作中的病症以及如何處理，正如醫家所言，有病須治更須養，養就是調養之意，對於作文，我們可以理解爲學習、借鑒、揣摩、提高。「健康區」的文章多是選自獲獎的或是在考場得到滿分的作文，多讀一些這樣的作文，無疑對於提高中學生朋友們的寫作水平是極有幫助的。

另外，本叢書所選作文的作者多爲在校中學生，因此他們筆下的人、事、情、物、景都貼近中學生的生活，他們筆下反映出來的自然世界與內心世界是他們這個年齡所特有的，他們的觀察視角體現了新世紀新時代青少年的思維方式，可以說，從這裡，每一顆年輕的心都能產生共鳴，每一個年輕的讀者都會感受到朋友就在身邊。

由於編著時間的倉促及編者自身在經驗和知識上還存在不足，因此本書在編寫過程中難免存有遺漏，歡迎廣大讀者朋友指正。

編者

2005年8月

目　錄

出版說明

前言

重症區

※常見症狀一 002

文章描寫不具體，交代不清楚

※常見症狀二 007

文章首尾不明確，結構不完整

※常見症狀三 013

文章的取材與立意結合不當，個別段落的詳略配置不均。

※常見症狀四 019

敘事線索不夠清晰，材料安排缺乏條理。

※常見症狀五 024

文章的語言不夠生動、形象不夠鮮明。

※常見症狀六 030

情景描寫不夠具體，標點符號使用不當。

※常見症狀七 037

審題不準確，不符合寫作要求。

※常見症狀八 041

贅語太多，文章缺少議論、抒情。

※常見症狀九 049

立意不夠深刻，論述不夠周延。

※常見症狀十 058

結構鬆散，句意含混不清。

微恙區

■繽紛夢想

夢遊太空／066
美好的夢／070
綠洲的夢／072
假如我掌握了時間機器／076
假如我是電腦專家／079
假如我來當媽媽／081
假如我是清潔工／087
假如我是詩人／090
假如人眞的能活到1200歲／093
世上只有爸爸／095
我想做個好作家／098
如果我是風／101
彩虹／103
我願我望／107
與上帝做拍檔／109
我憧憬著／113

■科幻天空

金星改造記／118
乘水下列車遊海底世界／123
和平鴿號／127
別了，罪惡之神／132
守護地球／136
摘星星／139
相會在海神群島／143
難忘的演出／147
網路幽靈／152
驚夢／156
G病毒／159
複製了自己／161
機器人時代／166
複製希特勒／169

■童話寓言

胖子與瘦子／172
一朵小雲／175
換鼻子／179
蝸牛的一個半願望／182
自動傘和斗笠的對話／186
火的奇遇／189

在企盼自由的日子裡／192
芒果樹與風箏／194
手和足的友誼／197
黑板與粉筆的對話／200
公雞和青蛙／203
書包的自述／206
聰明的小刺猬／210
饞嘴的狐狸／212
螞蟻兄弟／215

■故事新編

舌戰秦始皇／219
英魂永恒／222
愚公訪談／225
與蒲松齡侃談／231
魯提轄巧遇美猴王／236
梁山好漢開店／239
南郭先生巧遇東郭先生／243
豬八戒回高老莊／248
《水滸傳》之未說故事／250
桃花源爲何消失了／254
西風古道／256
遭遇康德／258
陳子昂自我推銷／263
安泰之死／265
葫蘆僧再斷葫蘆案／269

■全新創作

《范進中舉》續寫／272
希望／275
一個故事的三種講法／277
重逢／280
機會／282
《最後一課》（續寫）／284
《最後一課》（續寫）／286
《最後一課》（續寫）／288

健康區

■繽紛夢想

夢中採蓮／292

假如地球的壽命只剩三天／294

■科幻天空

時空無限／297

外星系旅行／301

■童話寓言

一隻工蟻的自述／304

皮皮和尼尼／306

■故事新編

樓蘭新娘／308

重症區

中學生作文診所

想像作文

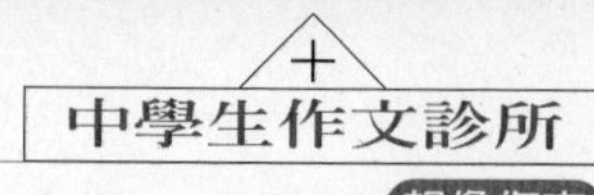

常見症狀 1

文章描寫不具體，交代不清楚。

太陽王國

從前，太陽裡矗立著一個「太陽樂園」的大牌子，裡面可好玩了。可是它這麼好玩，沒人去也不行。於是天使們就決定每年讓蔬菜學校五年級的一個學習成績比較好的學生來太陽王國遊玩一次。今年，在五年級裡有個學生是土豆，每天老師留的作業連看都不看一眼，試卷上的分數從沒超過50分。學校裡每年去太陽樂園回來的同學都說：「太陽樂園可眞好玩！」「沒去過太陽樂園等於白活一次！」土豆聽了，羨慕極了，然而他自己也知道，要想上太陽樂園去玩，他得等下輩子了。太陽要落山了，「鈴……」下課鈴響了，蔬菜學校的學生都背著書包朝家走。

土豆的同班同學南瓜剛走出校門，眼前金光一閃，一個天使出現在他面前：「南瓜，我們調查過了，你的學習成績不錯，我們邀請你去我們太陽樂園玩一趟。」土豆正在校門口玩石子，聽了這句話，連忙跑過去：「哎，你是天使吧！

其實我的成績比南瓜還好呢！應該讓我去！」土豆平時特想去太陽樂園，現在機會來了，我就把機會給他吧！於是南瓜也大聲說：「對！土豆學習是比我好！」天使從沒調查過土豆的學習，她也只能相信了：「好吧！」說著，天使用手一指，土豆就飛快地朝太陽飛去。可是飛到半截，土豆覺得越來越熱。怎麼回事？要照這樣到了太陽樂園還不被烤熟了？他想停也停不了，想回去也回不去，還沒進入太陽，他就被燒成灰了。原來，太陽能分出好學生與壞學生，好學生進入太陽時會很順利，什麼感覺都沒有，而壞學生進入太陽時則會被燒死。土豆就這樣自己把自己害死了。

處方！

作爲一個初中生，能夠發揮自己的想像力，寫出這樣一篇童話，首先是值得表揚的。不過，如果仔細看看這篇文章，還確實是有毛病的。

最主要的毛病有幾個：

1.文章中說「太陽王國好玩」，這怎麼就會讓人相信呢？太陽王國裡應該有好多種遊戲！可是在文章中，卻沒有寫出來。

該文章的不具體就體現在這一點上：文章最重要的要求之一就是具體。

2.第二個問題，在文章中有這樣一句話：「土豆平時特想去太陽樂園，現在機會來了，我就把機會給他吧！」這句話到底是誰說的呢？在文章中這樣寫，能保證所有人都看明白嗎？

3.這篇文章的第三個問題就是沒有把最想表現的意思表達出來。作者想通過這篇文章告訴人們不努力學習會受到懲罰。要表現這個意思，就一定要在文章中表現清楚！

太陽王國（修改稿）

從前，太陽裡有一個院子，在院子門口矗立著一個「太陽樂園」的大牌子。這就是有名的太陽樂園，裡面可好玩了。為了獎勵努力學習的孩子，掌管太陽樂園的天使們向整個宇宙宣布：各星球每年可以有一個學習最好的學生到太陽樂園作客！

在地球上，有一所學校叫蔬菜學校。在蔬菜學校裡，有一個學生叫土豆。這個土豆呀，每天老師留的作業連看都不看一眼，試卷上的分數從沒超過50分。可是蔬菜學校裡每年從太陽樂園回來的同學都說：「太陽樂園最少有5000種遊戲！」「沒去過太陽樂園，就沒法聽到宇宙裡最美妙的音樂！」土豆聽了，羨慕極了，然而他自己也知道，要想上太陽樂園去玩，他得等下輩子了。

這天，太陽要落山了，「鈴……」下課鈴響了，蔬菜學校的學生都背著書包朝家走。

土豆有一個同班同學叫南瓜。南瓜剛走出校門，眼前金光一閃，一個美麗的天使出現在他面前：「南瓜朋友，你努力學習，成績優異，我特奉太陽神之命邀請你到我們太陽樂

園一遊！」土豆這時正在校門口玩石子，聽了天使的話，連忙跑到天使跟前：「您是天使吧！我叫土豆，其實我的成績跟南瓜也差不多！能不能讓我去太陽樂園呢？」南瓜則想：土豆平時特想去太陽樂園這誰都知道，現在機會來了，要不我就把機會給他吧。於是，南瓜就對天使說：「阿姨！要不，這次就讓土豆去太陽樂園吧，這樣說不定對他的學習會更有好處！」天使經不住南瓜和土豆兩個的請求，終於，對著土豆一揮手中的魔棒，眨眼間，土豆便兩腳離地，飛快地朝太陽飛去。

可是意外發生了。土豆飛到離太陽樂園還有10多公里時，開始大量出汗，覺得呼吸困難，而且越來越難以忍受。怎麼回事？要照這樣，到太陽樂園我該不會被烤熟了吧？土豆想停也停不了，想回去也回不去，還沒進入太陽樂園的大門，他就昏迷過去了。

原來，太陽樂園有一個特殊的功能，能分出愛學習的學生與不學習的學生。愛學習的學生來會得到快樂，而不學習的學生不但進不了太陽樂園而且還會受到懲罰。眼看好好的一次機會，就這樣被自己白白浪費掉了，土豆在悔恨之餘，決心要從這以後，徹底改掉了不學習的壞毛病。

要描寫好，要注意以下幾點：

一、描寫要具體細微

文章的生動形象是以具體細微爲基礎的，全是籠統的敘述而沒有具體的描寫、細膩的刻畫，是難以達到栩栩如生的效果的。如契訶夫寫「打噴嚏」：

忽然間，他的臉皺起來，他的眼睛瞇縫著，他的呼吸停止了……諸君看得明白，他打噴嚏了。（《小公務員之死》）

二、描寫要準確，切合實際

準確地描述對象這是達到具體的首要條件。描述不準確，也就根本談不上具體。所謂準確，指的是如實地、客觀地反映事物，既不誇大，也不縮小；既不含糊，更無差錯。

三、認真觀察，寫出特徵

要使描述達到準確，靠的是仔細觀察和反覆比較，這樣才能把握住事物的特徵，那種不願觀察，不會比較，只靠憑空猜想的人是不可能把事物描述準確的，也是無法具體而生動地表現事物的。

四、選擇典型，方法靈活

在寫作中，具體不具體的區別不在於字數的多少，而在於它是否形象鮮明地反映了事物的特徵，抓住了事物的本質。有些人在描寫人物時，眼、耳、鼻、舌、牙以至頭髮、鬍子全都寫到了，表面看似乎夠具體的了，但沒有形象感，不能給人鮮明印象。也不能算是具體，只能說是面面俱到。高明的作者往往能選擇典型材料，抓住本質特徵，用極簡省的文字，描繪出具體形象來。

對事物具體描述，以達到生動形象為目的，方法途徑是多種多樣的：或側面描述、或用比喻描述等等。在運用時，要靈活機動，根據描述對象和語境，選擇一二種方法即可。

★★★★★★

常見症狀 2

文章首尾不明確，結構不完整。

期　待

我多麼期待看神州五號升空。一張張宣傳畫掛在馬路兩旁的櫥窗中，高大威武的神州五號屹立其中。使我無時無刻不記著，今天下午就可以看到神州五號的順利升空。一聲聲滿懷期待的議論聲傳入我的耳中，無時無刻，無地無處，像一陣使人一聽便可熱血沸騰的不可抗拒的紅潮般，一點一點地增加了我原本就很興奮的心情。

可時間來不及了。老師居然在今天的最後一節課上拖堂，十分，二十分，三十分……我默默地數著，心如亂麻。無數的抱怨聲此起彼伏，好不容易可以放學，又碰上了大塞車。唉！一望無盡的汽車呀，心中不禁蒙上了一層灰色。真是天不助我，我抱怨著，難道我真的看不成神州五號升空時的樣子了嗎？

我終於趕上了。闖過了無數的紅綠燈，有好幾次都差點落入車輪的魔爪。無數顆腦袋從車窗中投來詫異的目光，穿越了無數行人，多少次的擦肩而過，與之並來的是迴盪在身後的忿忿的咒罵。終於到達了目的地，但卻是只看到了一個升空的瞬間。

「趕上了嗎？」心神未定的我喃喃的問自己，最終長吁一口氣道：「算是趕上了吧，因爲我看到了神州五號順利地升空！」通過電視機螢幕，我仍可以看到神州五號漸漸變小的身影，尾部的火焰雖越來越小，但我知道它必是越燃越旺的。期待著它歸來的那天。

先看一篇結構完整，開頭結尾也很精彩的作文：

告　別

歡樂的母校生活即將結束。母校的生活凝結著我們的歡聲笑語，也凝結著我成功後的喜悅。它像色彩斑斕的畫，展現在我眼前，一幅幅、一幕幕，都是那樣清晰、那樣絢麗。

想到這裡，一下子勾起了我的綿綿思緒。當我從幼稚園走進小學的校門，我穿著一身寬鬆的大校服，老師給我胸前別了一朵大紅花，好像我被表彰了一樣。我用眼睛環視著周圍，我對這裡是那樣陌生，不像幼稚園裡那樣花花綠綠，而這裡的單調卻給人一絲寧靜。走進教室，教室裡窗明几淨，

我從此就要在這學習了。

我們自從走進小學的校門，老師就用辛勤的汗珠澆灌著我們這些幼小的樹苗。當我榮獲西城區科展二等獎時，老師在台下用勁鼓掌爲我祝賀；當我在課堂上突然生病了，老師您又是帶我到學校的保健室去看病，又是和家長聯繫，無微不至的關懷就像媽媽一樣細心；當我的考試成績不理想的時候，老師又在耐心的輔導我，爲我加油鼓勵。我們的喜悅都是您用辛勤的汗水換來的。

六年的小學生活即將結束，而六年的小學生活又給我留下了美好而又難忘的印象。俗話說得好，天底下沒有不散的宴席。我們就要走出校門了，心裡眞不是滋味，再回頭看看校門，看看老師深沉的眼睛。怎能忘記呢！童年的學習在這裡度過，讓我難以忘懷。告別和我一起生活學習六年的同學，同學之間的友誼比海還要深，告別了同學，心裡總是覺得空落落的，不知何時還能見面。告別了我們的級任老師，她是從一年級一直把我們帶到六年級，老師是看著我們一點點長大，一點點進步的。告別母校，我們也永遠不會忘記您的耐心教導，不會忘記您在枱燈下批改作業的身影，更不會忘記您慈祥的面容，您的這些都深深地印在我們的腦海裡。告別校園裡那一棵棵小松樹。在同學們的精心照料下，小松樹已經長到十幾公尺高。我們現在都要告別這一切。

這六年的生活啊！恰似一片黃金的沙灘，每一回尋覓，總能找到一只美麗的貝殼。告別，意味著珍藏！

參照例文，《期待》一文修改後如下：

期　待（修改稿）

期待，有時是寂寞的，而有時卻是忙亂的！

我多麼期待看神州五號升空。一張張宣傳畫掛在馬路兩旁的櫥窗中，高大威武的神州五號屹立其中。使我無時無刻不記著，今天下午就可以看到神州五號的順利升空。一聲聲滿懷期待的議論聲傳入我的耳中，無時無刻，無地無處，像一陣使人一聽便可熱血沸騰的不可抗拒的紅潮般，一點一點地增加了我原本就很興奮的心情。

可時間來不及了。老師居然在今天的最後一節課上拖堂，十分，二十分，三十分……我默默地數著，心如亂麻。無數的抱怨聲此起彼伏，好不容易可以放學，又碰上了大塞車。唉！一望無盡的汽車呀，心中不禁蒙上了一層灰色。眞是天不助我，我抱怨著，難道我眞的看不到神州五號升空時的樣子了嗎？

我終於趕上了。闖過了無數的紅綠燈，有好幾次都差點落入車輪的魔爪。無數顆腦袋從車窗中投來詫異的目光，穿越了無數行人，多少次的擦身而過，與之並來的是迴盪在身後的忿忿的咒罵。終於到達了目的地，但只看到了一個升空的瞬間。

「趕上了嗎？」心神未定的我喃喃的問自己，最終長吁一口氣道：「算是趕上了吧，因爲我看到了神州五號順利地升空！」通過電視機螢幕，我仍可以看到神州五號漸漸變小

的身影，尾部的火焰雖越來越小，但我知道它必是越燃越旺的。期待著它歸來的那天。

這就是我的一個期待，一個充滿忙亂的期待！其實，有哪一個中國人在那一天裡，會和我的心情不一樣？那是對中華民族的期待，期待中華民族的繁榮富強，期待中華民族的不斷強盛！

一．設計一個好的開頭，可以試著用以下的技巧：

1. **開門見山**。這種開頭，不可平平淡淡，要想辦法讓讀者被你的文章吸引住。在敘事時，可以設置懸念。指的就是在作文中開頭故意設置的「疑團」，或擺出的矛盾，作者不立即回答這些問題，這些問題便牽動著讀者的好奇心和求知慾，產生非知道後事如何的強烈願望。如都德《最後一課》的開頭。

2. **趣聞趣事引出正題**。大多數人都喜歡聽故事，如果能在文章開頭講述一段新鮮有趣而又與正題有關的故事，既可以引起讀者的好奇，又可以引出正題。如秦牧的《蛇與莊稼》的開頭。

二．結尾和開頭一樣，也是文章的重要組成部分。用個技巧，結個好尾，讓文章圓滿收場。

1. **巧妙結尾，呼應開頭**。呼應開頭是一種十分常見的文章結尾方式。這樣安排結構，可以使文章從頭到尾形成一個有機的整體，給讀者以完整感，滿足大家希望故事情節、人物命運、思想觀點完整體現的閱讀心理。可以有形式上的呼應，也可以有內容上的呼應，當然，更多的時候是形式、內容兩方面都呼應。

2. **畫龍點睛，突出主題**。畫龍點睛式的結尾寫法也就是在文章的結尾加上一筆，揭示人物、事件、事物、景物等寫作對象中所蘊含的思想感情、哲理等，使文章的主題在結尾得到昇華。

3. **意外結局，耐人尋味**。「意外結局」就是在文章將要結束的時候，突然出現了一個轉折，這個轉折是讀者始料不及的，看起來好像與前面的文字有情節上的「出入」，但如果仔細地品味，又好像可以從前面的文字中看出端倪來。隨著這個意外的結尾，讀者一定會重新尋找和品味文章中的某些「古怪」的情節和暗示，會對作者的構思和文章的主題有新的、深刻的認識。好文章記敘事件常常一波三折，給人「山重水復疑無路」之感，然後突然變化，出現「柳暗花明又一村」的意料之外的結局。

常見症狀 3

文章的取材與立意結合不當，個別段落的詳略配置不均。

老師的話

剛進國中的時候，也許同學們都和我一樣，對英語是非常新鮮的，教我們英語的老師也很幽默。可是一年後，同學們的興致就沒那麼高了，有些壞學生竟然在Mr. Ni的英語課上抄作業！太離譜了，他們就不怕嗎？

我身旁就有一位壞學生，「號稱」我的同桌。大家也許會想，壞學生根本不做作業的呀，可是在我們這個好班裡，班風還是很好，大家寧死都要把作業做好。Mr. Ni本來就不凶，很和藹，同學們會很親近他。但他討厭的就是不做作業的人，一發起火來……不用我詳說了。

今天，我的同桌英語作業沒做，沒得說，馬上趕吧。誰知第一節課就是Mr. Ni的。唉，他嘆了一口氣，就在課堂上抄吧。我也毫不專心地聽課，他就在桌上埋頭苦幹，不時還甩甩手。是抄酸了吧？我奸笑道。這時，Mr. Ni已經走到他桌子旁了，黑黑的影子擋住了他的光線。我屏住呼吸，等待著一場暴風雨的來臨。Mr. Ni拿起他的作業本看不看，開始發話了，這些話簡直讓我終身難忘：「X同學，你做得好！」啊……全班驚訝，連他的嘴都變成了O字型看著Mr. Ni。「同學們，我認爲X同學做得對，雖然他是抄，但他要把作業做完。這是一種精神。如果他不做作業，就是讓他抄他也不做的話，這才是不對的行爲。X同學心裡本來就存在著把作業做完的這種心理，雖然他成績不好，但他的心靈是美好的！」

同學們終於明白Mr. Ni說這些話的原因了，是爲了激勵他。這時，他已經是熱淚盈眶了。當然收到了滿意的效果。他再也沒有抄過作業，成績……嘿嘿，這就不用說了吧！

Ni老師因爲教得好，到高中任教去了。有時我還在橋上遇見他，他總要像原來那樣叫我：「陶婷兒你好啊！」總要加上一個「兒」字，叫我哭笑不得。多希望他能回來教我們啊！

眞的好老師啊！我心裡一聲聲地感嘆。教師節還有幾天，您過得還好嗎？

從整體上看，本文突出的一點是有眞情實感。但是，由於作者沒有把握好表達的角度，也沒有更好地藝術性地表現這一中心，就使文章遜色不少。這裡要提出一個概念，眞實性與藝術性。眞實性是文章成功的基礎，藝術性是文章成功

的必須。孔子說：「言而無文，行之不遠。」意思是說，語言如果沒有文采，就不會流傳很遠。換言之，文章如果沒有文采、沒有藝術特色，就不會被讀者認可。

那麼，怎樣把眞實性與藝術性二者很好地結合起來呢？我們可以這樣處理：既然作者是想通過老師的一些教學例子來表現對老師的懷念之情，就不要把過多的筆墨放在寫那些「壞學生」上，這是一個辦法；既然是寫老師，就要把與老師有關的材料著重處理，與此無關的一概不要；在人稱處理上，我們就可以用第一人稱，讓「我」直接感受老師的愛護與關懷，豈不是更有說服力嗎？

此外，文章語言上有許多不當的地方，就不一一點出了。下面大家看看對這篇文章的改寫，我們相信你們讀了一定會獲得許多有關構思和寫作的啓示。

老師的話（修改稿）

我以前在老師和同學眼裡是個讓人頭痛的「壞學生」，但現在他們不這樣看我了，而且我的成績已經有了很大的提高。這一切都歸功於我們的英語老師——Mr. Ni。

剛進國中的時候，我對英語是非常感興趣的，因爲新鮮啊，但更主要的原因是我們的英語老師Mr. Ni是個很幽默、很和藹的人，同學們都喜歡他。可是一年後，我的興致沒有那麼高了，我發現英語很不好學；單字記不住，句型不好掌握，語法又很難懂。總之，我開始在上英語課時，不認眞聽

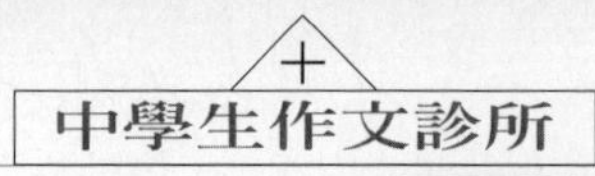

講。這樣，我們的英語成績當然是蚊帳空跳下——一落千丈了。

儘管到了這樣的地步，我還是堅持把英語作業完成。因爲Mr. Ni最討厭不完成作業的同學，我曾看過他發火——這裡就不說了吧。問題是，有些事你是根本預想不到的。有一次我忘記了要做英語作業。這可怎麼辦？

第二天到了學校，我第一個想到的就是把英語作業補上，可是糟糕的是第一節課就是Mr. Ni的。唉，沒辦法，爲了不讓Mr. Ni生氣，我只有鋌而走險，賭一把了。一上課，我就把鄰桌的作業本搶過來——抄。要知道我這可是第一次，還眞不容易，不一會兒手就酸了。我甩甩手，繼續埋頭苦幹。

突然，一道黑黑的影子落在了我的作業本上。出事了！我的心跳得亂無頭緒，頭也不敢抬，什麼時候屏住了呼吸都不知道。好吧，看來躲不過了，我只有等待一場「暴風雨」的來臨了。

Mr. Ni伸出手來，把我的作業連同鄰桌的作業一起拿了起來。這叫人贓俱獲。我死定了。

「陶婷兒，妳做得好！」

什麼？他說什麼？我簡直不敢相信自己的耳朵。我感覺到四周的同學都在竊竊議論：這不是Mr. Ni的風格啊！

「同學們，我認爲陶婷同學做得對，雖然她是抄，但她要把作業做完。這是一種精神。如果她不做作業，就是讓她抄她也不做的話，這才是不對的行爲。陶婷同學心裡本來就存在著要把作業做完的這種心理，雖然她成績不好，但她的

心靈是美好的！」

不知爲什麼，我的臉一下子燒得厲害，眼裡充滿了淚水，慚愧、悔恨、自責等情緒如洪水一般把我淹沒了。我坐在座位上，一動也沒動，但我心裡已經一千遍地在說：再也不這樣了，我一定要學好英語！一定要！

轉眼間一學期又過去了，期末考試中，我的英語成績破天荒超過了60分。可是聽說Mr. Ni不再教我們了。因爲教學成績突出，他被調到高中任教了。

現在，我已經是一名國三學生了，我的各科成績均提高了。我不再任性對待學習對待生活，Mr. Ni的話永遠在我心裡響著，因爲他曾當著許多人的面維護了我的自尊，並說我是一個心靈美好的人。

一、詳寫和略寫

詳寫就是爲了使中心思想鮮明突出，把所要表現的人物、事跡或所要說明的問題寫得具體些、詳盡些。略寫就是爲了顧及全篇，突出中心，把那些與中心思想關係不十分密切，表現力不是很強的內容寫得概括些、簡略些。

二、詳略得當

處理好詳略是一種藝術。一篇記敘文中，從事件來說，有重點事件和一般事件；從人物來說，有主要人物和次要人物；從場面來說，有重點場面和非重點場面。這些都不能處理。對於表現主題的中心事件、主要人物、重點場面就要展開寫、具體寫、細微寫，於細微處見眞情。在這種地方要不惜筆墨，調動一切手段把它寫詳，而對於次要事件、次要人物、非重點場面則要惜墨如金，一筆帶過。在寫作中要藝術地使這二者配合和諧，相得益彰，使文章重點突出，詳略得當。

三、注意的問題。

在記敘文裡，詳略不當突出表現在是記流水賬。究其原因：一是有的同學想到哪兒寫到哪兒，事先沒做好詳略的安排；二是沒有眞正掌握根據表達中心的需要安排詳略這個寫法。

常見症狀 4

敘事線索不夠清晰，材料安排缺乏條理。

我的父親

在一陣茫然的摸索後，我找到了家門，輕輕地停下車，開門。今晚沒有月光，鑰匙試了幾次都沒進去。正當我不知所措時，門忽然開了，又是那張熟悉的面孔，帶著微笑。

「把您吵醒了？」我有些不好意思。

「我還沒睡，」他答道，「不知怎的，這幾天到很晚才能入睡。」

我沒說什麼，慢慢地放好車，進了門。家裡一陣煙氣，我皺了皺眉頭：「您又吸煙了？」他笑了笑答道：「不吸點睡不著。」我輕嘆了一聲，去洗澡。完畢後出來，發現他正默默地吸煙，滿臉愁容，一見到我，愁容頓時煙消雲散，微笑道：「早些睡吧！」我「嗯」了一聲回房去了。

我打開收音機，正在聽音樂時，他進來了，說：「功課緊吧？少聽音樂，明天還要早起呢！」我感到一絲慚愧，這時注意到他手上拿著一顆洗淨了的蘋果。他把蘋果遞給我說：「吃完了，早些睡。」他見我窗戶還開著，就說：「等會兒把窗戶關一下，這幾天天氣冷了，小心著涼。」我剛要起身，他又自言自語：「還是我關一下吧！」他就去關窗戶，我猛然發現他憔悴的面容中隱藏著一絲疲倦。我的心像針刺了一陣，直到他離開。他房裡的燈很快就滅了。

我細細地嚼著這顆光亮潔淨的蘋果，也嚼著這一份親情。

原文主要存在如下問題：

1. 如果不看題目，文章中的「他」是誰？既沒有肖像描寫，又沒有必要的身份交代，不明確。

2. 缺少說明或暗示，給人一種殘缺之感，也不能很好地表現本文主題。既然把活動背景放在家庭裡，三口之家的另一人——母親的行蹤，必須說明一下。她是去世、上夜班、到娘家、生病住醫院、出差了，還是打麻將、跳舞、串門子去了呢？

3. 「我」上完晚自修回家，對父親給「我」開門很感意外，甚至向父親道歉，這能很好地表現父親對「我」的一貫關愛之情嗎？這裡父親的開門，給讀者的感覺是一種偶然，而不是必然發生的行爲。因而用來表達父親對「我」的親情，並不典型。

4. 父親抽煙睡不著覺，是何原因？是家庭因素（父母關

係）、職業因素（工作壓力、面臨失業），還是父子因素（相互之間缺少溝通）？由於沒有相應的鋪墊或說明，令人費解。

我的父親（修改稿）

上完晚自修，拖著疲倦的身子找到了家門。沒等拿鑰匙，門就開了，風塵僕僕且滿面笑容的父親站在我面前。「爸，您回來了，生意怎麼樣？」我興奮地問。他幫我推車進門，笑道：「還可以。」我不禁一陣欣喜，心想我的錢包就要脫離「貧困」了。

媽媽給我放洗澡水時，神色凝重，她偷偷告訴我，這次父親又虧了。我的高興勁兒沒了。家裡一陣煙氣，我皺了皺眉頭：「您又吸煙了？」坐在沙發上的他笑了笑，答道：「不吸點睡不著。」我輕嘆了一聲，去洗澡。完畢後出來，發現他仍在默默地吸煙，滿臉愁容，一見到我，愁容頓時煙消雲散，微笑道：「早些睡吧！」我「嗯」了一聲準備回房了。父親似乎覺察到我神情，我連忙笑了笑，似乎什麼也沒有發生。我知道父親已經盡力了，只是運氣不好。

正欲入睡時，父親敲門進來，遞給我一顆洗淨削好的蘋果，說：「吃了再睡。」他靜靜地坐在床邊看著我吃蘋果，似乎比自己吃了還開心，囑咐道：「以後叫你媽多買些。」我不經意答道：「不用了，我在學校吃飯還得花錢呢！」話一出口，頓時覺得不應該這樣說。果然，父親臉色不好看了。這半年來，父親瘦多了，臉上的皺紋像用刀劃過，深深地，深陷的眼眶中滿含疲勞，鬍子也好久沒有刮了。我的心像針刺了一陣。他見我窗戶還開著，就說：「等會兒把窗戶關一下，小心著涼。」我剛要起身，他又自言自語：「還是我關一下吧。」父親挺直的身子已有些彎曲。我似乎看到他在外面東奔西走，陪著笑臉跟人家説盡好話，最後，還是一再碰壁的情景。我再也抑制不住心中的悲傷，眼淚直往下掉。當父親把門帶上時，我已經用被子蒙住了頭。

第二天清晨醒來，未見到父親，我知道他又出遠門了，心中又是一陣難過。這幾年父親的生意一日不如一日，父親又好強，不讓母親去上班，只有在家中照料讀書的我。眞難爲父親了，一個人在外面奔波勞碌！

唉，我的父親。

一篇內容較爲複雜的文章，尤其要注意材料安排有序，做到條理清楚。這樣，才能突出人物，鮮明地表達主題。寫作這樣的文章，要特別從如下兩個方面注意。

一、要科學合理地設置文章線索。

線索是貫穿於文章之中，是作者組織材料的思路的反映。敘述的線索，則是在敘述人物經歷或事件發展過程中貫穿思想的脈絡。由於題材的差別和作者思路的不同，敘述的線索是多種多樣的，有的以時間發展爲線索的，有的以空間

轉換爲線索的，有的以具體的「物」爲線索的，還有的以作者的感情變化爲線索。採用什麼樣的線索，要依據文章的內容和表達的主題而定。然而，本文作者在這個方面的考慮是欠缺的；於是，便想到什麼寫什麼，想到哪裡寫哪裡。

二、要根據表達主題的需要。認真分析選材，合理取捨，合理安排詳略，做到層次分明。

有了文章的敘述線索，接著就要考慮「如何把這些材料用線索一線貫之」的問題，也就是說，哪些先寫，哪些後寫，哪些詳寫，哪些略寫要考慮清楚。此文所寫的材料較多，作者卻沒有很好思考，認眞分析，而是把幾個方面的材料等同視之，不分主次輕重，一股腦兒地進文章。給一個不恰當的比喻，就像是堆放貨物一樣來堆砌文章的材料。

常見症狀 5

文章的語言不夠生動、形象不夠鮮明。

失敗也是一首歌

成功是一首歌，它能使人飽嘗喜悅，艷羨不已。然而，你可知道，失敗也是一首歌，這雖不如成功那麼動聽，卻比成功更有韻味、更耐唱。

說失敗是一首歌，並不是說我們要避開它，而是說要正視這個殘酷的現實，把失敗當作一篇鮮活的教材，使自己從中讀出教訓。我們只有不斷地從失敗中汲取教訓，才能一步步走向輝煌。失敗是成功之母，告訴我們要克服困難，繼續前進，吃一塹，長一智，此路不通，還有他路可走，這不是另一種意義上的成功嗎？這是和著淚水的成功，如同一枚青橄欖，初嚼酸澀，細品甘甜。

成功之路，荊棘叢生，稍不留意，就會受阻，迷路，然而盡心盡力地走了，哪怕走不到理想王國，也是令人欣慰的。英國有位哲人說得好：「失敗或成功似乎是由命運之星

給人安排的，但人們依然保留著掙扎的能力，保留著與命運之星搏鬥抗爭的能力，在整個宇宙中，惟一有意義的行動就是這種掙扎。」是的，你掙扎了，盡力了，即使失敗了，也同樣能贏得人們的尊重，因爲其關鍵不在摘到蘋果的結局上，而在人們不斷採摘的過程中，這過程才是天地間最永恆的一曲壯歌。

「會當凌絕頂，一覽眾山小」，能爬上玉皇頂看日出，當然是人生一大美事，可當你爬到南天門後卻因天氣突變而不得不退回山腳，這固然令人遺憾，但這遺憾對一位鬥士來說，猶如一支戰歌，會更堅定你登上玉皇頂的決心。五環旗下，由於裁判的「恩賜」而使李小雙穩獲的一枚金牌落入遠不如他的希臘選手手中，李小雙在金牌面前「失敗」了，這種「失敗」便是一首「悲壯的歌」，它跳動著呼喚公平競爭的旋律，更能激起強者去努力拼搏，爲國爭光。

漫漫求學途中，我們定會碰到各種挫折和失敗。進，困難；避，消極；逃，懦弱。雄關漫道眞如鐵，而今邁步從頭越。我們要敢於高唱失敗的壯歌，毅然前行！

失敗也是一首歌（修改稿）

①成功是一首歡樂的歌，它能使人②心曠神怡，對人生，對未來產生遐想和信心。然而，你可知道，失敗也是一

首歌，它雖不如成功那麼動聽，但卻比成功更有韻味、更耐唱。

說失敗是一首歌，並不是說我們要避開它，而是說要正視這個殘酷的現實。把失敗當作一篇鮮活的教材，使自己從中讀出教訓。我們只有不斷地從失敗中汲取教訓，才能一步步走向輝煌。③愛迪生發明電燈，把上千次失敗當作收穫，因為他終於知道了這上千種材料不能做燈絲。吃一塹，長一智，此路不通，還有他路可走，這不是另一種意義上的成功嗎？這是和著淚水的成功，如同一枚青橄欖，初嚼酸澀，細品甘甜。

④人生旅途，荊棘叢生，稍不留意，就會受阻、迷路，然而盡心盡力地走了，哪怕走不到理想王國，也是令人欣慰的。英國有位哲人說得好：「失敗或成功似乎是由命運之星給人安排的，但人們依然保留著掙扎的能力，保留著與命運之星搏鬥抗爭的能力，在整個宇宙中，惟一有意義的行動就是這種掙扎。」是的，你掙扎了，盡力了，即使摘不到誘人的金蘋果，而在人們不斷採摘的過程中，這過程才是天地間最永恆的一曲壯歌。

「會當凌絕頂，一覽眾山小」，能爬上玉皇頂看日出，當然是人生一大美事，可當你爬到南天門後卻因天氣突變而不得不退回山腳，這固然令人遺憾，但這遺憾對一位鬥士來說，猶如一支戰歌，會更堅定他登上玉皇頂的決心。五環旗下，由於裁判的「恩賜」而使李小雙穩獲的一枚金牌落入遠不如他的希臘選手手中，李小雙在金牌面前「失敗」了，這種「失敗」便是一首悲壯的「命運交響曲」，它裡面跳動著

呼喚公平競爭的旋律，更能激起強者去努力拼搏，爲國爭光。

漫漫求學途中，我們定會碰到各種險灘和沼澤。進，困難；避，消極；逃，懦弱。雄關漫道眞如鐵，而今邁步從頭越。我們要敢於高唱失敗的壯歌，毅然前行！

這篇改稿，相比之下明顯比原稿前進了一步，尤其是文章的語言更加生動、形象。如改文①處加上「歡樂」一詞，使文句含義變得具體，又有別於失敗之歌的內涵。②處將原稿改爲「心曠神怡，對人生，對未來產生遐想和信心，」使得語言表達更加形象，而原稿的「飽嘗喜悅，艷羨不已」概念就顯得比較模糊。③處將原文「失敗是成功之母……繼續前進」改成愛迪生的事例，既開闊了行文的視野，又增強了文章的說服力。④處將「成功之路」改成「人生旅途」則增強了行文的內涵。還有如將原文中的「失敗」改成「摘不到誘人的金蘋果」，「悲壯的歌」改成「命運交響曲」，「各種挫折和失敗」改成「險灘和沼澤」，雖然意思未變，但語言更加具體生動了。

預防！

生動活潑的語言會讓人感到幽默風趣，它能讓人讀過後沉入思索，受到啓迪。它是語言的漫畫，透過沒有線條的圖畫表面，讀者能清晰地感知其深層的韻味，感受作者思想火花的光亮。

優美的語句是可以妝點出優美的文章的。如何使一篇文章熠熠生輝，

一、巧用修辭

很多修辭方法如比喻、排比、擬人、誇張、對偶等等的使用不是孤立的，各種方法要配合使用，這樣才會使作文顯得變幻多姿、生動感人。

比喻就是通常說的「打比方」，在描寫事物或說明道理時，用同它有相似點的其他事物或道理來打比方，使描寫對象更生動具體，給人鮮明的印象。比喻的方法多見於句子，即比喻句，爲的是突出人物或事物的特點；也可用於文章的主題，即用隱含的手段將要講述的道理含蓄地表達出來。

排比是指把結構相同或相似、內容相關、語氣一致的三個或三個以上的短語或句子排列在一起，這樣的修辭手法就是排比。排比句最大的特點是節奏感強，它充分顯示出語言的整齊之美，並且氣勢宏大，在很大程度上增強了文章的說服力和感染力。

擬人是指把無生命的、無思維的外物人格化，包括賦予動物、植物、物體以人的動作、語言、思維活動等等。擬人手法的恰當使用能使一句話乃至一篇文章看起來生動活潑，新穎巧妙。

二、巧用象徵

象徵就是用具體的事物表現某種特殊的意義，比如荷花「出淤泥而不染」，是高潔的象徵；梅花「香自苦寒來」，是

堅毅的象徵；春蠶吐絲，蠟炬成灰，是無私的象徵。創造者讓想像插上翅膀，運用豐富的聯想讓思想飛翔於智慧的天空，以有限的文字表達出無盡的韻味，顯示出其敏銳的洞察力和豐富的內心世界，由此可知，是象徵的手法使作品的思想內涵上升到了更高精神境界，更加具有感染力和號召力。

常見症狀 6

情景描寫不夠具體，標點符號使用不當。

1、《草船借箭》第二段原文

有一天，周瑜請諸葛亮來商議軍事，他對諸葛亮說：「我們就要和曹軍交戰。水上交戰，用什麼兵器最好？」諸葛亮說：「用弓箭最好。」周瑜說：「對，先生跟我想的一樣。現在軍中缺的是箭，想請先生負責趕造十萬枝。這是公事，希望先生不要推卻。」諸葛亮說：「都督委託，當然照辦。不知道這十萬枝箭什麼時候用？」周瑜問：「十天造得好嗎？」諸葛亮說：「既然就要交戰，十天造好，必然誤了大事。」周瑜說：「先生預計幾天可以造好？」諸葛亮說：「只要三天。」周瑜說：「軍營裡可不能開玩笑。」諸葛亮說：「我怎麼敢跟都督開玩笑？我願意立下軍令狀，三天造不好，甘受懲罰。」周瑜很高興，叫諸葛亮當面立下軍令狀，又擺了酒席招待他。諸葛亮說：「今天來不及了。從明天起，到第三天，請派五百個軍士到江邊來搬箭。」諸葛亮喝了幾杯酒就走了。

2、加語氣詞改寫成《草船借箭》

有一天，周瑜請諸葛亮來商議軍事，魯肅也來作陪。周瑜親切地對諸葛亮說：「我們就要和曹軍交戰。水上交戰，用什麼兵器最好？」周瑜話音剛落諸葛亮便脫口而出：「用弓箭最好。」周瑜很得意又說：「對，先生跟我想的一樣。現在軍中缺的是箭，想請先生負責趕造十萬枝。這是公事，希望先生不要推卻。」諸葛亮誠懇地說：「都督委託，當然照辦。不知道這十萬枝箭什麼時候用？」周瑜故意假惺惺地問：「十天造得好嗎？」這時，一旁的魯肅知道形式不妙，假借喝酒時急忙朝諸葛亮擺手。諸葛亮向天空望了一眼，朝魯肅微微一笑，搧搧扇子搖了搖頭說：「既然就要交戰，十天造好，必然誤了大事。」周瑜吃驚的說：「先生預計幾天可以造好？」諸葛亮沉著地說：「只要三天。」周瑜心裡很高興可臉上顯出了疑惑的表情，急忙問道：「軍營裡可不能開玩笑。」諸葛亮胸有成竹地說：「我怎麼敢跟都督開玩笑？我願意立下軍令狀，三天造不好，甘受懲罰。」周瑜很高興，叫諸葛亮當面立下軍令狀，又擺了酒席招待他。諸葛亮若無其事，悠閑地說：「今天來不及了。從明天起，到第三天，請派五百個軍士到江邊來搬箭。」諸葛亮喝了幾杯酒就走了。

1、修改一稿——再增加「情景」，調整語句

有一天，傍晚時分，在周瑜的大帳裡，燭火騰騰的跳動著火苗，一切顯得特別肅穆。大將軍周瑜特意請來軍師諸葛亮來商議軍事，諸葛亮的摯友魯肅也來作陪。周瑜親切地對諸葛亮說：「我們就要和曹軍交戰。水上交戰，用什麼兵器最好？」周瑜的話明顯帶有試探的語氣。沒有想到，周瑜話音剛落諸葛亮便脫口而出：「用弓箭最好。」諸葛亮的回答正中周瑜的下懷，周瑜很得意地說：「對，先生跟我想的一樣。現在軍中缺的是箭，想請先生負責趕造十萬枝。這是公事，希望先生不要推卻。」諸葛亮站起身來，誠懇地說：「都督委託，當然照辨。不知道這十萬枝箭什麼時候用？」周瑜故意假惺惺地問：「十天造得好嗎？」這時，一旁的魯肅知道形式不妙，假借喝酒，急忙朝著諸葛亮擺手。諸葛亮向天空望了一眼，朝魯肅微微一笑，搧搧扇子搖了搖頭說：「既然就要交戰，十天造好，必然誤了大事。」周瑜吃驚地說：「先生預計幾天可以造好？」周瑜步步緊逼，諸葛亮卻沉著地說：「只要三天。」周瑜是個很聰明的人，心裡很高興可臉上顯出了疑惑的表情，急忙問道：「軍營裡可不能開玩笑。」諸葛亮胸有成竹地說：「我怎麼敢跟都督開玩笑？我願意立下軍令狀，三天造不好，甘受懲罰。」諸葛亮的話字字落地有聲。周瑜很高興，叫諸葛亮當面立下軍令狀，又擺了酒席招待他。月光順著帳門灑進來，安詳極了。諸葛亮

若無其事，悠閑地說：「今天來不及了。從明天起，到第三天，請派五百個軍士到江邊來搬箭。」接下來推杯換盞，諸葛亮喝了幾杯酒就走了。這時，月亮已經升得更高了。

2、修改二稿——修改不準確、使用錯誤的標點等

有一天，傍晚時分，在周瑜的大帳裡，燭火騰騰的跳動著火苗，一切顯得特別肅穆。大將軍周瑜特意宴請軍師諸葛亮來商議軍事，諸葛亮的摯友魯肅也來作陪。周瑜試探性的問諸葛亮：「我們就要和曹軍交戰。水上交戰，用什麼兵器最好？」沒有想到，周瑜話音剛落，諸葛亮便脫口而出：「用弓箭最好！」諸葛亮的回答正中周瑜的下懷，周瑜很得意：「對，先生跟我想的一樣。現在軍中缺的是箭，想請先生負責製造十萬枝。這是公事，希望先生不要推卻。」諸葛亮站起身來，義無反顧地說：「都督委託，當然照辦。不知道這十萬枝箭什麼時候用？」周瑜這人比較精明，故意假惺惺地問：「十天造得好嗎？」這時，一旁的魯肅知道形勢不妙，假借喝酒急忙朝諸葛亮擺手。諸葛亮向左右看了一眼，暗暗朝魯肅微微一笑，搧了搧扇子搖了搖頭：「既然就要交戰，十天造好，必然誤了大事。」周瑜吃驚不小：「先生預計幾天可以造好？」周瑜步步緊逼，諸葛亮卻沉著地答道：「只要三天。」周瑜是個很聰明的人，心裡很高興可臉上卻顯出了疑惑的表情，急忙說：「軍營裡可不能開玩笑。」諸葛亮胸有成竹：「我怎麼敢跟都督開玩笑？我願意立下軍令狀，三天造不好，甘受懲罰。」諸葛亮的話字字落地有聲。周瑜很高興，叫諸葛亮當面立下軍令狀，繼續擺酒招待他

們。月光順著帳門灑進來，安詳極了。諸葛亮若無其事，悠閑地說：「今天來不及了。從明天起，到第三天，請派五百個軍士到江邊來搬箭。」接下來推杯換盞，諸葛亮喝了幾杯酒起身告辭。這時，月亮已經升得更高了……

（完整篇）

有一天，傍晚時分，在周瑜的大帳裡，燭火騰騰的跳動著火苗，一切顯得特別肅穆。大將軍周瑜特意宴請軍師諸葛亮來商議軍事，諸葛亮的摯友魯肅也來作陪。周瑜試探性的問諸葛亮說：「我們就要和曹軍交戰。水上交戰，用什麼兵器最好？」沒有想到，周瑜話音剛落，諸葛亮便脫口而出：「用弓箭最好！」諸葛亮的回答正中周瑜的下懷，周瑜很得意：「對，先生跟我想的一樣。現在軍中缺的是箭，想請先生負責趕造十萬枝。這是公事，希望先生不要推卻。」諸葛亮站起身來，義無反顧地說：「都督委託，當然照辦。不知道這十萬枝箭什麼時候用？」周瑜這人比較精明，故意假惺惺的問：「十天造得好嗎？」這時，一旁的魯肅知道形勢不妙，假借喝酒急忙朝諸葛亮擺手。諸葛亮向左右看了一眼，暗暗朝魯肅微微一笑，搧了搧扇子搖了搖頭：「既然就要交戰，十天造好，必然誤了大事。」周瑜吃驚不小：「先生預計幾天可以造好？」周瑜步步緊逼，諸葛亮卻沉著地答道：「只要三天。」周瑜是個很聰明的人，心裡很高興可臉上卻顯出了疑惑的表情，急忙說：「軍營裡可不能開玩笑。」諸

葛亮胸有成竹：「我怎麼敢跟都督開玩笑？我願意立下軍令狀，三天造不好，甘受懲罰。」諸葛亮的話字字落地有聲。周瑜很高興，叫諸葛亮當面立下軍令狀，繼續擺酒招待他們。月光順著帳門灑進來，安詳極了。諸葛亮若無其事，悠閑地說：「今天來不及了。從明天起，到第三天，請派五百個軍士到江邊來搬箭。」接下來推杯換盞，諸葛亮喝了幾杯酒起身告辭。這時，月亮已經升得更高了……

改寫是對原作在內容或形式上做某種改變，從而寫出與原作相關又不相同的新作。改寫的過程就是以原材料爲依據，進行重新構思，重新安排的寫作過程。

改寫，一般有以下幾種形式：

第一：改變人稱。如把第三人稱改爲第一人稱，把第一人稱改爲第三人稱。

第二：改變文章的體裁，如把詩歌改成記敘文，把古詩改成現代詩等。

第三：改變文章的表達方式，如把記敘的形式改爲對話形式等。

第四：改變文章的語言，如把古詩改爲現代文。

第五：改變文章的結構，如把順敘改爲倒敘或插敘，把倒敘改爲順敘等。

改寫應該注意的是：

第一、掌握原文的基本內容，理解原文的中心思想。

第二、明確改寫的形式和改寫的內容。

第三、根據中心思想的需要，用自己的語言作具體的敘述和描寫。

常見症狀 7

審題不準確，不符合寫作要求。

「中國青年志願者」標誌徽章說明

哥哥參加了「中國青年志願者」行動。他有一枚徽章，很好看。徽章的構圖，總體上是一個「雞心」圖形。「雞心」中間有一個既似手、又似鴿子的圖案，大拇指像鴿頭，其餘四指像鴿翅。

我問哥哥這個徽章是什麼意思，哥哥說：「雞心」象徵著愛心，「手」象徵著援助，「鴿子」象徵著美好。整個圖案表現了「中國青年志願者」組織的宗旨：伸出援助之手，把愛心獻給世界，將美好撒滿人間。

我把徽章收藏起來，因爲我想有一天也戴上它去幫助他人。

把標誌徽章介紹得很清楚，但是把說明文寫成了記敘文，所以不合要求。可以先講圖案的總體構圖特點，再講寓意，不蔓不枝才符合要求。

「中國青年志願者」標誌徽章說明（修改稿）

「中國青年志願者」徽章圖案由兩部分組成。外面是一個心形圖案，裡面是一隻像白鴿形狀的手。心裡的圖案是實的，手形內切在心形中央，是虛的。整個圖案的意思是：伸出你的手，獻出你的愛心。另外，手形設計成白鴿形狀，是因爲白鴿象徵希望。這樣，構圖內涵更加豐富：志願者的行動必將希望灑向人間。

此圖是由具有象徵意義的兩個形象的圖案構成。此題的審題有兩個難點：一是圖的構成，要弄清圖案是由哪些圖形構成的，有什麼特點，圖形與圖形之間是什麼關係；二是圖形的象徵意義。要突破這個難點，需要平時做有心人，注意多積累這方面的知識。寫作中易犯的毛病是：①情不自禁地發議論，不合說明文的文體；②對構圖的說明大而化之，不具體。

寫作文時要做到符合題目要求，首先就要做到審題準確。所謂「審題」是指對作文題目和要求進行認真細緻的審察、分析，正確理解題意，明確題目的體裁、內容、選材範圍等。這是寫好作文的第一步。

一、審題眼。

「題眼」就是作文題目中的關鍵詞語，即那些對中心詞進行陳述或起修飾限制作用的詞語。抓住這些關鍵詞語，就等於認定了題目的內容範圍，也就等於抓住了文章的寫作重點。如何抓住題眼？

1. **找中心詞，抓住修飾成分**。題目如果是一個短語，那麼，「題眼」就是修飾限制中心詞的那些詞語，也就是做定語的那一部分。我們分析題時，就要首先找出中心詞，然後找出修飾限制中心詞的那些詞語再重點揣摩。

2. **找主語，抓住謂語部分**。作文題目如果是一個句子，那麼，「題眼」就是謂語部分，也就是對主語進行陳述的那一部分，這就是文章要寫的重點內容。

二、巧解比喻義、象徵義。

如果題目是一個既有具體含義又有抽象意義的詞語，如《橋》、《燈》、《路》、《路標》等，那麼，我們在審題時，就不能只停留在對詞語具體意義的理解上，而應重點探究詞

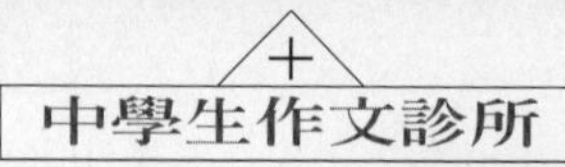

語的抽象意義，即比喻義、象徵義，這樣才能提高文章的層次和質量。要探究題目的比喻義、象徵義，第一，要抓住事物的特徵；第二，要善於聯想，正確理解事物的比喻義、象徵義。

常見症狀 8

贅語太多，文章缺少議論、抒情。

寒假一日

大年初五上午，爸爸把一張光碟塞給我：「把這張光碟裡的東西都拷進電腦。耐心點兒，500MB哪！」聲音不大，語氣卻很鄭重。我把光碟裝進磁碟機，點擊「安裝」，螢幕顯示的路徑是C碟，整個螢幕僅有一個對話框，「C：」孤零零擺在正中。不行啊，C碟的文件不能太多，文件過多會干擾正常運行！可是怎麼改變路徑呢？只好瞎矇了！一會兒點一下這個按扭，一會按一下那個鍵，動作不能說不是自覺，而說自覺又幾乎不受大腦控制，越按腦子就越亂，眞像是一團亂痲！動不動還莫名其妙的退出。畢竟是第一次獨立安裝，能認識的英文單字也不多，畫面上十多個按扭，我怎麼知道按哪個？終於我被氣得眼睛裡冒火，把光碟拿出來，用力扔到床上：「爸爸，我不會裝，您自己來吧！」

今天的作業寫完啦！下午我幹點兒什麼呢？去逛商場

吧！於是，剛吃完午飯，我就和媽媽坐340到了華聯超市。一樓的衣服對我沒有吸引力，我們只逛了十分鐘就上了二樓。剛上樓，我們就到了賣水果的地方，我一眼就看見中間有一些褐色的水果。原來是一些進口李子。「媽媽，咱們買點兒李子吧！」我從來沒吃過李子，當然想嘗一嘗啦！沒想到媽媽卻不贊成：「買李子幹嘛？你不是吃不了酸的嗎？李子特酸，保準你吃一口就得吐！」什麼？李子特酸？那我也得嘗嘗！我連媽媽後半句話都沒聽，就一把抓了六個李子放進塑膠袋裡。到了家，我迫不及待的讓媽媽切開一個李子，上來就是一口。這一下兒，我可就受了罪了。我一咬，就覺得牙齒有麻木的感覺。咬下來的李子汁滴在舌頭上，我感到舌頭簡直在發抖。捏著鼻子把這口李子汁嚥下去後，我連忙拿起茶杯，喝了兩大口。雖然茶是冰涼的，但是我喝完後，還是感覺舒服多了。媽媽見了，無奈地嘆了口氣：「怎麼樣？不聽老人言，吃虧在眼前吧！不讓你買你非買，現在知道李子有多酸了吧！已經買了，後悔也來不及了。」「誰說我後悔啦？現在我還覺得買李子買對了。」「哼！你就是嘴硬！」說實話，這眞不是我嘴硬，而是我眞的不後悔，因爲我畢竟嘗到了李子的味道。

吃晚飯時，我想起今天的這兩件事，覺得今天眞有收穫。

本文存在的主要問題有：

1. 第二段較多累贅語。

2. 作爲國三的學生，文中沒有議論、抒情，也是不行的。

一、對第二段進行刪改：

今天的作業寫完啦！下午媽媽讓我陪她去逛華聯超市。一樓的衣服對我沒有吸引力，來到二樓，我一眼就看見水果專櫃中間有一些褐色的水果，原來是一些進口李子。「媽媽，咱們買點兒李子吧！」我從來沒吃過李子，當然想嘗一嘗啦！沒想到媽媽卻不贊成：「買李子幹嗎？你不是吃不了酸的嗎？李子特酸，保準你吃一口就得吐！」什麼？李子特酸？能酸到什麼樣！我連媽媽後半句話都沒聽，就一把抓了幾個李子放進塑膠袋裡。到了家，我迫不及待地讓媽媽切開一個李子，上來就是一口。這一下兒，我可就受了罪了。我一咬，就覺得牙齒有麻木的感覺。咬下來的李子汁滴在舌頭上，我感到舌頭簡直在發抖。捏著鼻子把這口李子汁嚥吞下去後，我連忙拿起茶杯，喝了兩大口。雖然茶是冰涼的，但是我喝完後，還是感覺舒服多了。媽媽見了，無奈地嘆了口氣：「怎麼樣？不聽老人言，吃虧在眼前吧！不讓你買你非買，現在知道李子有多酸了吧！已經買了，後悔也來不及了。」「誰說我後悔啦？今天呀，我才算是眞正嘗到了什麼叫做酸！」「哼！你就是嘴硬！」說實話，這眞不是我嘴硬，因爲我畢竟嘗到了李子的味道。

對第二段進行詳略再處理：

第一小步：添加

今天的作業寫完啦！下午媽媽讓我陪她去逛華聯超市。一樓的衣服對我沒有吸引力，來到二樓，我一眼就看見水果專櫃中間有一些褐色的水果，原來是一些進口李子。「媽媽，咱們買點兒李子吧！」我從來沒吃過李子，當然想嘗一嘗啦！沒想到媽媽卻不贊成：「買李子幹嘛？你不是吃不了酸的嗎？李子特酸，保準你吃一口就得吐！」什麼？李子特酸？能酸到什麼樣！我連媽媽後半句話都沒聽，就一把抓了幾個李子放進塑膠袋裡。到了家，我迫不及待地讓媽媽切開一個李子，上來就是一口。這一下兒，我可就受了罪了。我一咬，就覺得牙齒有麻木的感覺，上下牙活動不能自如，好像都不聽使喚啦！咬下來的李子汁滴在舌頭上，舌頭簡直都發抖，整個舌頭全這樣了，先是舌尖，很快就傳遍了整個舌頭，後來連舌根都不能活動了。而且一下一下的抽搐。捏著鼻子把這口李子汁嚥吞下去後，我飛快地拿起茶杯，喝了兩大口，喝得極猛。雖然茶冰涼，但是我喝完後，還是感覺舒服多了，那冰涼的茶如同變成了甘露，眞可謂沁人心脾。媽媽見了，無奈地嘆了口氣：「怎麼樣？不聽老人言，吃虧在眼前吧！不讓你買你非買，現在知道李子有多酸了吧！已經買了，後悔也來不及了。」「誰說我後悔啦？今天呀，我才算是眞正嘗到了什麼叫做酸！」「哼！你就是嘴硬！」說實話，這眞不是我嘴硬，因爲我畢竟嘗到了李子的味道。

第二小步：再刪除

下午媽媽讓我陪她去逛超市。一樓的衣服對我沒有吸引力，來到二樓，我看見一些褐色的水果，原來是李子。「媽媽，買點兒李子吧！」我從來沒吃過李子！沒想到媽媽卻不贊成：「不是吃不了酸的嗎你？李子特酸！」什麼？特酸？能酸到什麼樣！幾個李子還是被我抓進了塑膠袋裡。到了家，我迫不及待切開一個李子，上來就是一口。這一下兒，我可就受了罪了。我一咬，就覺得牙齒有麻木的感覺，上下牙活動不能自如，好像都不聽使喚啦！咬下來的李子汁滴在舌頭上，舌頭簡直都發抖，整個舌頭全這樣了，先是舌尖，很快就傳遍了整個舌頭，後來連舌根都不能活動了而且一下一下的抽搐。捏著鼻子把這口李子汁吞嚥下去後，我飛快地拿起茶杯，喝了兩大口，喝得極猛。雖然茶冰涼，但是我喝完後，還是感覺舒服多了，那冰涼的茶如同變成了甘露，真可謂沁入心脾。「怎麼樣？不聽老人言，吃虧在眼前！後悔了吧！」「誰說後悔啦我？今天呀，我才算真正知道了什麼叫做酸！」「哼！你就是嘴硬！」說實話，這真不是我嘴硬，因為我畢竟嘗到了李子的味道。

二、添加議論、抒情

寒假一日（修改稿）

你知道李子到底是什麼滋味？你放棄過品嘗李子嗎？你品嘗過李子的滋味嗎？

大年初五上午，爸爸把一張光碟塞給我：「把這張盤裡的東西都拷進電腦。耐心點兒，500MB哪！」聲音不大，語氣卻很鄭重。我把光碟裝進光驅，點擊「安裝」，螢幕顯示的路徑是C碟，整個屏幕僅有一個對話框，「C：」孤零零擺在正中。不行啊，C碟的文件不能太多，文件過多會干擾正常運行！可是怎麼改變路徑呢？只好瞎矇了！一會兒點一下這個按扭，一會按一下那個鍵，動作不能說不是自覺，而說自覺又幾乎不受大腦控制，越按腦子就越亂，眞像是一團亂麻！動不動還莫名其妙地退出。畢竟是第一次獨立安裝，能認識的英文單字也不多，畫面上十多個按扭，我怎麼知道按哪個？終於我被氣得眼睛裡冒火，把光碟拿出來，用力扔到床上：「爸爸，我不會裝，您自己來吧！」膽怯，是放棄之源。害怕了則不會堅持，害怕了則退避三舍。

下午媽媽讓我陪她去逛超市。一樓的衣服對我沒有吸引力，來到二樓，我看見一些褐色的水果，原來是李子。「媽媽，買點兒李子吧！」我從來沒吃過李子！沒想到媽媽卻不贊成：「不是吃不了酸的嗎你？李子特酸！」什麼？特酸？能酸到什麼樣！幾個李子還是被我抓進了塑膠袋裡。到了家，我迫不及待切開一個李子，上來就是一口。這一下兒，我可就受了罪了。我一咬，就覺得牙齒有麻木的感覺，上下牙活動不能自如，好像都不聽使喚啦！咬下來的李子汁滴在舌頭上，舌頭簡直都發抖，整個舌頭全這樣了，先是舌尖，很快就傳遍了整個舌頭，後來連舌根都不能活動了，而且一下一下的抽搐。捏著鼻子把這口李子汁嚥下去後，我飛快地拿起茶杯，喝了兩大口，喝得極猛。雖然茶冰涼，但是我喝完後，還是感覺舒服多了，如同變成了甘露，眞可謂沁入心

脾。「怎麼樣？不聽老人言，吃虧在眼前！後悔了吧！」「誰說我後悔啦？今天呀，我才算是正知道了什麼叫做酸！」「哼！你就是嘴硬！」說實話，這眞不是我嘴硬，因爲我畢竟嘗到了李子的味道。親身體驗是有無窮快感的，即便出乎意料，但以前無論如何也是體會不到的。

吃過晚飯，在家裡，爸爸開始玩他上午安裝的電腦遊戲。桌子上，幾瓣切開的李子沐浴在燈光下。我不由得想起今天這兩件事，今天眞是太有收穫了：要想知道李子的滋味，必須親口嘗一嘗！只有嘗了，才能有切身的體會；放棄品嘗，雖然酸不到牙和舌頭，但是那種刺激，也會永遠得不到。

一、掌握議論的技巧可以從以下幾個方面來做：

1.**巧用事實講道理**。「事實勝於雄辯」，講道理時，用事實說話會讓道理有足夠的論據支撐，給讀者以更強的說服力。

2.**巧引名言講道理**。有句俗話「他山之石，可以攻玉」，說的是借助別處的力量可以幫助自己說理。寫作文時，可以引用前人或古人總結出的語句，來幫助我們表情達意。因爲這些人物有時是因成功而得經驗，有時是因失敗而得教訓，他們所總結出來的大多是人生路上的精思精品，不光對我們的文章有用，就是對我們做人也有指導意義。

3.**巧用比喻道理**。講道理的語言大多抽象，邏輯性強。

有時在作文中出現較長的說理內容會讓人感覺枯燥，靈活運用比喻來幫助說理會解決這樣的問題。一邊打比方，一邊說道理，比喻和說理自然地融合在一起，借助比喻的生動形象，會把抽象的道理說得更淺顯、更好懂。

二、抒情也是使文章增色的一個重要技巧，抒情有直接抒情和間接抒情兩種方法。

1.**直接抒情**。所謂直接抒情就是不借助別的方法，直截了當的表達作者對人或事物的感情。作文中感情濃烈而又集中時，經常採用這種方法。

2.**間接抒情是相對直接抒情而說的，它必須借助敘述、描寫、議論等方式來抒發**。所謂間接抒情，是把感情與敘述等內容融合到一起，它可能沒有直接抒情那麼濃烈，但是這種感情表達卻來得更自然、更含蓄。

常見症狀 9

立意不夠深刻，論述不夠周延。

歡樂星期天

我們班每個男生，都有自己的足球名字。李星石叫范志毅，也是藍隊的隊長。張文淼叫曹限東，是紅隊的隊長。張笑叫岡波斯。蔡凱鵬叫謝輝。馮立鵬叫卡西亞若。梅長波叫朱琪。還有一個踢球踢得最好的，曾經參加過豐台區少年足球隊的鄭碩，人送外號安德雷斯。他平均每場能進3個球，所以哪個隊都想要他。在孩子的世界裡，有著許多大人們所沒有的東西！

星期天早晨，晨光曦微，萬里無雲。我們懷著高興的心情來到了豐台工人體育場。一開始，兩個隊長先猜釘殼，誰贏了，誰就有權利選隊員，輸方隊長有一次「不幹」機會。可是安德雷斯兩次都被范志毅選中，曹限東當然就很不高興：「不行，還是每人有兩次『不幹』機會好！」「憑什麼？」范志毅怒吼道。「不憑什麼！」岡波斯也瞪眼了。朱琪湊上前：「想打架嗎？」「打就打！」於是足球賽改成了空手道。范志毅飛起一腳，曹限東被踢倒在地。卡西亞若躍躍欲試，一拳將范志毅的鼻子打流血了。申思看見了，給卡西亞若來了一個左鉤拳。雖然岡波斯胳膊已經破了，但還不示弱，舉起一塊石頭向朱琪扔去，結果朱琪腦袋上起了一個包。這包眼瞧著一點兒一點兒膨脹，從白變紫，個兒也慢慢變大，就像是在他腦門兒上長出了一個棗。

大家打累了，戰鬥也就平息了。在一旁沒動手的謝輝說：「要不咱們這麼辦，上半場安德雷斯歸你們，下半場安德雷斯給我們。怎麼樣？」「行！」大家異口同聲地說。曹限東這時才想起喊「安德雷斯」。沒人應答。大家扭頭一看，征戰勞頓的安德雷斯這會兒已經走到體育場門口，他「回國」啦！

什麼是快樂？在孩子的心裡，快樂有時是一首歌，有時是一隻螞蟻，也有時是一場球！

怎麼才能在原有文章基礎之上，通過修改而使文章立意深刻起來呢？

最基本的方法就是「添加」。具體而言，可以分為兩個方面：一是添加「背景」，通過「背景的添加」，使文章立意深化；二是添加「延伸內容」，通過「延伸內容的添加」，使文章立意深化。

立意深刻舉例：

和時間比賽，我失敗了（原文）

寸金難買寸光陰的初三！誰的時間會夠用？於是我們都開始同時間賽跑，有人成功，也有人失敗。我就是在和時間比賽中失敗的人。

初三第二學期的化學考試，我總感到時間不夠。單元檢測這樣，模擬練習同樣如此。一次做某城區的一份卷子，題目明明是我多次見過的，然而，也就做到將近三分之二，催命的收卷鈴聲卻傳進了我的耳鼓！那鈴聲尖銳、刺耳，是驟然響起的，讓人聽起來毛骨悚然！一套老相識的卷子，而我，卻只跨過了70分！你知道痛苦是什麼滋味？平生我頭一次領略到了那種撕心裂肺！

絕對不能這樣！我必須戰勝時間！我一定要跑到時間的前面！在後一次的化學考場裡，卷子還沒有到手，我已經在心裡刻下了誓言。減少間接浪費的時間：快拿筆，不看錶，兩隻蒼蠅在我面前飛來舞去，不去驅趕，甚至不把目光讓它們奪去百分之一秒！提高時間的使用效率：快速審題，快速回憶，快速思索，快速計算，快速檢查……當時，我的腦子裡只有「快速」這兩個字的存在！天下無難事！終於，當我把最後一道大題的答案寫在卷面上的時候，距離那催命的鈴聲，居然還有18分零25秒9！

「和時間賽跑，我成功啦！」記得當天夜裡我在日記中寫下了這樣的話。然而，然而就在第二天，一個陰雨的日子，一張寫有61分的試卷卻把我驚呆了。那61顯得血紅血紅，那61像兩個面目猙獰的惡魔，張牙舞爪噬咬著我的心！61這個分數，是我自小學以來見過的最低成績！

和時間比賽，我失敗了！

和時間比賽，我失敗了（修改稿）

寸金難買寸光陰的初三！誰的時間會夠用？於是我們都開始同時間賽跑，有人成功，也有人失敗。我就是在和時間比賽中失敗的人。

初三第二學期的化學考試，我總感到時間不夠。單元檢測這樣，模擬練習同樣如此。一次做某城區的一份卷子，題目明明是我多次見過的，然而，也就做到將近三分之二，催命的收卷鈴聲卻傳進了我的耳鼓！那鈴聲尖銳、刺耳，是驟然響起的，讓人聽起來毛骨悚然！一份見過多次題目的卷子，而我，卻只跨過了70分！你知道痛苦是什麼滋味？平生我頭一次領略到了那種撕心裂肺！

絕對不能這樣！我必須戰勝時間！我一定要跑到時間的前面！在後一次的化學考場裡，卷子還沒有到手，我已經在心裡刻下了誓言。減少間接浪費的時間：快拿筆，不看錶，兩隻蒼蠅在我面前飛來舞去，不去驅趕，甚至不讓它們奪去的目光百分之一秒！提高時間的使用效率：快速審題，快速回憶，快速思索，快速計算，快速檢查……當時，我的腦子裡只有「快速」這兩個字的存在！天下無難事！終於，當我

把最後一道大題的答案寫在卷面上的時候，距離那催命的鈴聲，居然還有18分零25秒9！

「和時間賽跑，我成功啦！」記得當天夜裡我在日記中寫下了這樣的話。然而，然而就在第二天，一個陰雨的日子，一張寫有61分的試卷卻讓我驚呆了。那61顯得血紅血紅，那61像兩個面目猙獰的惡魔，張牙舞爪噬咬著我的心！61這個分數，是我自小學以來見過的最低成績！

後悔，這個詞我曾經多次見過，寫過！而今，我才眞正知道了它實際的含義！和時間比賽十分重要，不過，和時間比賽，是需要有多種條件作爲支持的。如果我們跑不過時間，我們肯定會出現問題，而如果我們僅僅是以跑過時間作爲勝利的標準，那可就大錯特錯了！因爲，戰勝時間，需要以「操作的準確」作爲前提！

在之後的日子裡，我又開始了與時間的一次次比賽。不過，在這些賽程中，我謹記當初的教訓。失敗是成功之母！人類的一次次成功，有哪一個不是失敗孕育而成的？我當初和時間進行的比賽失敗了，然而，它一定會成爲我同時間比賽，戰勝時間，超過時間的成功階梯！

特別需要注意，在我們舉例的文章修改中，僅僅是在「延伸內容添加」上進行了操作，其實，除去這種「添加」，完全還可以以「添加背景」的方式進行！

「歡樂」星期天（修改稿）

什麼叫快樂？快樂是一種感覺！在許多時候，快樂並非是得到很多金錢，快樂並非是取得多大成績。孩子，是把身心的輕鬆看成最大快樂的。

啊！終於考完試了。家長們都答應我們，考完試的星期天讓我們好好踢一場足球。

我們班每個男生，都有自己的足球名字。李星石叫范志毅，也是藍隊的隊長。張文淼叫曹限東，是紅隊的隊長。張笑叫岡波斯。蔡凱鵬叫謝輝。馮立鵬叫卡西亞若。梅長波叫朱琪。還有一個踢球踢得最好的，曾經參加過豐台區少年足球隊的鄭碩，人送外號安德雷斯。他平均每場能進3個球，所以哪個隊都想要他。在孩子的世界裡，有著許多大人們所沒有的東西！

星期天早晨，晨光曦微，萬里無雲。我們懷著高興的心情來到了豐台工人體育場。一開始，兩個隊長先猜釘殼，誰贏了，誰就有權利選隊員，輸方隊長有一次「不幹」機會。可是安德雷斯兩次都被范志毅選中，曹限東當然就很不高興：「不行，還是每人有兩次『不幹』機會好！」「憑什麼？」范志毅怒吼道。「不憑什麼！」岡波斯也瞪眼了。朱琪湊上前：「想打架嗎？」「打就打！」於是足球賽改成了空手道。范志毅飛起一腳，曹限東被踢倒在地。卡西亞若躍躍欲試，一拳將范志毅的鼻子打流血了。申思看見了，給卡

西亞若來了一個左鉤拳。雖然岡波斯胳膊已經破了，但還不示弱，舉起一塊石頭向朱琪扔去，結果朱琪腦袋上起了一個包。這包眼瞧著一點兒一點兒膨脹，從白變紫，個兒也慢慢變大，就像是在他腦門兒上長出了一個棗。

勝利，對於一個孩子來說是成功的惟一標誌。爲了勝利，他們會不惜一切！

大家打累了，戰鬥也就平息了。在一旁沒動手的謝輝說：「要不咱們這麼辦，上半場安德雷斯歸你們，下半場安德雷斯給我們。怎麼樣？」「行！」大家異口同聲地說。曹限東這時才想起喊「安德雷斯」。沒人答應。大家扭頭一看，安德雷斯這會兒正被他爸爸擰著耳朵往體育場外面走，他該「回國」啦！

什麼是快樂？在孩子的心裡，快樂有時是一首歌，有時是一隻螞蟻，也有時是一場球，是一個課間十分鐘，甚至，是家長的一個理解，老師的一個和藹的笑！

重症區

文章的立意，一般應做到：

一、立意要明確。

贊成什麼，反對什麼，宗旨必須明確，主題不可含含糊糊，看法、見解更不能模稜兩可。

二、立意要深刻。

主題或中心思想要有一定的濃度，能觸及事物的本質，給人以啟示，發人深省。

對立意的要求除了上述兩點以外，爲了讓作品更有吸引力，爲了使主題更有新意，還應當嘗試變換角度，拓展寫作空間。立意的「新」與「巧」體現在作者打破了以往的思維定式，以全新的眼光看待周圍的人事，使作品表現出獨特的風格，收到不同凡響的表達效果。所謂「橫看成嶺側成峰，遠近高低各不同」就是這個意思。無論是新材料還是舊材料，變換一下角度重新審視它，也許會有新的認識、新的發現、新的感悟，使作文翻出新意來。

在議論文中，爲了增強論證的力度，常常對論點進行多角度、多側面、多層次地加以論證，因此，必須熟練地掌握多種論證方法，常見的論證方法有例證法、詮釋法和反證法等。

一、舉例論證法。

在議論文裡，闡明或反駁論點，往往舉出一些例子作根據。事實勝於雄辯，有時講很多道理，不如舉一兩個事例有說服力。用典型事例來證明論點的方法，就是例證法。

二、詮釋法。

是運用正確的觀點和分析方法對文章中某些內涵其實質直接加以評注說明和解釋的一種方法。此法多見於駁論文章的寫作。這種方法如運用得當，可以收到剔膚見骨，鞭辟入裡的效果；對於揭露論敵玩弄概念花招的把戲有特殊作用。

三、反證法。

反證法，不是下面論證論點，而是從反而間接論證論點的一種方法。它是由證明反論題的錯誤來達到證明自己觀點正確的目的。也就是說，爲了證明自己論點的正確，可以先

駁倒與此相矛盾的另一論點，從而以後者的錯誤來證明前者的正確；或者相反，為了駁倒對方的論點，可先證明與對方論點相矛盾的另一論點正確，從而以後者的正確來論證前者的錯誤。

常見症狀 10

結構鬆散，句意含混不清。

與它們零距離

我的題目是否很吸引你？那就快來看看下面的內容吧！

10月2日一個讓我難以忘懷的日子。那天我眞的如願以償的來到了「北京野生動物園」，我當時高興的眞是難以用語言來表達，再加上那天是爲我補過9月份的生日，我高興的心情上又添了「激動」二字。

剛一下車我便像離弦的箭一般「嗖」的買票飛奔進了「園」。雖說這已不是我第一次來這兒了，但仍覺得很驚奇。我最喜歡「觀野獸」和「小動物園」這兩個景點了，和上次一樣，我的第一站就是最驚險刺激的乘籠車觀野獸了。時代變了，從前的普通旅遊車，改爲現在的「籠式」車了。讓「它們」眞正的自由了。車兩旁還分別放了一隻雞，車內還添了一些水果，那是給狐狸和野豬吃的。

車開動了!!! 我全身的器官都發動起來了，全身的汗毛

也都豎了起來。我們漸漸進入了，呀！是熊、熊的領地，我們的車剛一近鐵門，一大堆的熊「呼」的一下就都圍了上來！我的媽呀，我離熊眞是近在咫尺呀。我一伸手就可以碰到它們，幸虧我們之間隔了一道車門，鐵做的，不然我可就要英年早逝了呀。嘻嘻，當然那是不可能的。不過，說眞的我當時可也挺害怕的。雖然我也知道死不了，可那麼一個龐然大物——兩米多高，又肥又大。站在你面前和你那麼近，簡直是零距離的接觸，你又怎能泰然自若呢？只聽一聲尖叫，只有一聲，一聲，一隻熊把雞咬走了。眞是比看恐怖片還可怕。

聽講解員說，有時候熊比老虎、獅子還厲害，一次一隻雞被熊生生的從籠子裡撕了出去，籠門可是關著的呀，雞是出去了，可也被揪爛了……

這次的經歷眞是給了我很大的震動，讓我產生了深刻思考。動物界中眞是「弱肉強食呀」，弱者只能成爲大自然的犧牲品。而我們呢，如果我們現在不好好學習，長大後必被社會所淘汰。人類之間的競爭是激烈的更是殘酷的。一點點的疏忽大意都有可能置我們於死地。我們面對這樣的社會又能怎樣呢？我們不可能讓別人後退，只能讓自己更加堅強，頭腦更加充實。才能不被任何人所擊敗。長久立於不敗之地。好好的活下去。

處方！

與它們零距離（修改稿）

我的題目是否很吸引你？那就快來看看下面的內容吧！

10月2日一個讓我難以忘懷的日子。從小我就非常喜歡小動物，那天我如願以償又一次來到了北京野生動物園。我當時高興得真是難以用語言來表達自己的心情。再加上那天是我補過9月份的生日，高興的心情上又增添了「激動」二字。

剛一下車我便去買票，然後像離弦的箭一般「嗖」的飛奔進了園裡。雖說這已不是我第一次來這兒了，但仍覺得很驚奇。我最喜歡「觀野獸」和「小動物園」這兩個景點了，和上次一樣，我的第一站就是最驚險刺激的乘籠車觀野獸。與上次來這裡相比，兩年過去了，從前的普通車，改成了現在的「籠式」車。野生動物此刻確實獲得了真正的自由。籠式車兩旁還分別放了一隻雞，車內還添了一些水果，那是預備給狐狸和野豬吃的。

車開動了！我渾身緊張起來，好像全身的汗毛都開始往上豎。車子漸漸進入野生動物的領地，呀！是熊，是熊的領地！我們的車剛一靠近鐵門，一大群熊「呼」的一下就都圍了上來！我的媽呀，我離熊真是近在咫尺呀！幾乎一伸手就可以碰到它們的毛！幸虧我們之間隔了一道車門，鐵做的，

不然我可能就要英年早逝了。不過說眞的，當時也挺害怕的。雖然我也知道死不了，可那麼一群龐然大物——每隻最少兩米多高，又肥又大。站在你面前和你那麼近，簡直是零距離的接觸，你又怎能泰然自若呢？突然，只聽一聲尖叫，只有一聲，一聲，一隻熊把雞叼走了！眞是比看恐怖片還可怕。

聽講解員說，有時候熊比老虎、獅子還厲害。一次，一隻雞被熊生生地從籠子裡撕了出去。籠門可是關著的呀，熊的力氣大、速度快，結果，雞的一部分是出去了，可雞的其餘部分卻被留在了籠子裡，鮮血淋漓……

兩次漫遊野生動物園的經歷給了我很大的震動，讓我產生了深刻思考。動物界中眞是「弱肉強食」，弱者只能成爲大自然的犧牲品。而我們人呢，如果我們現在不好好學習，長大後必被社會所淘汰。人類之間的競爭是激烈的，更是殘酷的。一點點的疏忽大意都有可能置我們於死地。所以，我們面對競爭的社會又能怎樣呢？我們不可能讓別人後退，只能讓自己更加堅強，只能讓自己的頭腦更加充實。惟有這樣，才能不被擊敗，才能長久立於不敗之地！努力，爲了好好地活下去。

安排好結構，必須遵循以下原則：

1. **正確地反映客觀事物的內在聯繫和客觀規律**。文章是客觀事物的反映，而一切事物都有其自身的內在聯繫和客觀規律，文章的結構也要受些限制，一件事的發展過程，要經過發生、發展、高潮、結局這樣幾個階段，以敘事爲主的文章，其結構就應以此爲依據安排結構。

2. **要根據表達主題的需要**。主題是文章的「綱」，是結構的內在軸心，結構的形式雖然多種多樣，不管運用何種形式，都必須圍繞主題，爲主題服務。

3. **適應文體的特點**。體裁不同，組材上的要求也有不同。組材時，必須選用與文體的特點和要求相適應的結構方式。

4. **組材要不拘方法，不遵一體**。即使是同一種文體。同一個主題的文章，組材也不應拘於一格。

構思文章的總的要求是：文章的結構應嚴謹、自然、完整、統一；行文的思路清晰、通暢；表現形式應在平穩的基礎上力求新穎，整篇文章最好還能顯示出一定的特色來。構思的具體內容大體包括如下幾個方面：

1. **巧選表現角度**。世間事物紛紜複雜，只有選擇恰當的角度進行描述、議論，文章才會顯得有新意。

2. **巧設線索**。線索在文中起著貫穿材料、實現中心的作用。線索明確集中，貫穿始終，則篇章結構嚴謹，更具可讀性。

3. **安排好層次段落**。層次指文章思想內容的表現順序，段落是構成文章的基本單位，具有換行另起的明顯標誌。文章的層次要清楚，段落要分明。

4. **重視開頭和結尾**。文章開頭要總領全文，結尾要總結全文。構思時還應思考怎樣的開頭才能更好地吸引讀者，怎

樣收尾才能使讀者有更多的回味，還要考慮開頭與結尾怎樣呼應。

5. **注意過渡與照應**。過渡指上下文的銜接和轉換，照應指前後內容的關照和呼應。對此，構思時應特別注意，文章才能做到針線嚴密，渾然一體。

6. **確定順序詳略**。一篇文章先寫什麼，後寫什麼，再寫什麼；哪些內容是重點應詳寫，哪些內容可略寫成一筆帶過，事先要有考慮，做到胸有成竹，方可寫出完美的文章。

微恙區

繽紛夢想

夢遊太空

陳果

我乘著自製的「紅旗一號」太空飛船，懷著①既將揭開木星奧秘的激動心情，以百倍於音速的速度直向蒼穹衝去。

病因①

錯別字。表示「將要，就有」用「即將」。

處方

「既」改為「即」。

太空船在星際中航行著。嗬，以往在地球上看到的小星星，原來都是一塊塊奇形怪狀的大石頭！突然，我發現背上長出了兩只大翅膀。我高興極了，試了試，還眞管用！於是，我鑽出太空船，在宇宙中自由地翱翔。

瞧，前面出現一片藍光。啊！我要到達目的地——木星了。我忙放慢速度，穩穩地落在了木星上。木星是個藍色的大球體，球體表面的一切物質都閃著耀眼的藍光。我正驚奇不已，只見從對面走過來兩個身上圍著藍光圈的木星人。他倆對我說：「呼咪啦西特，呼啦西！」我馬上掏出「微型太空語言翻譯機」，按了一下電鈕，只見螢幕上出現一行小字：「你從哪裡來，你是誰？」我驚喜地答：「我

精批

眞是太空語言，看來也只有外星人才能講出來。

從地球來，我叫陳果。」並說明我是為了友誼而來的。木星人向我點點頭，顯然是聽懂了我的話，並友好地把我領到了他們的城堡。城內綠樹成蔭，鬱鬱蔥蔥，空氣清新極了。

精批

外星球也有一些世外桃源的影子。

我漫步在清潔的街道上，觀看了圓柱形的住宅樓，三角形的商店，圓形的倉庫……一切都是那樣新奇。我借助翻譯機和居民們進行親切的交談。通過對話，我了解到這裡既沒有小偷和歹徒，也沒有警察和士兵，更沒有戰爭，到處都充滿了和平。

②在這裡我首先參觀了蔬菜基地。這裡栽培蔬菜不用水和肥料，只需用一把帶有香味的扇子一搧一搧，立即就可以長出新鮮的蔬菜來。菜的品種很多，蘿蔔、西紅柿、黃瓜……有的我連名都叫不上來。我得到主人的允許，摘下一根黃瓜咬了一口，頓覺一股甘霖滲入我的心田。一個木星人告訴我，吃了這樣的黃瓜，能夠長壽。我聽了以後，立即跳了起來：「噢，我可以長命百歲了！」

病因②

贅語。從上文可看出是「在這裡」。

處方

刪除「在這裡」

參觀完蔬菜基地，兩個木星人又帶我參觀了「神奇的魔宮」、「珍禽異獸研究所」、使用機器人教學的「學校」。③最後，還遊覽了一個規模特大的遊樂園。在遊樂園裡，我被狗熊照相吸引住了。我站在它面前，做了一個滑稽的鬼臉，誰知狗熊竟一按快門，把我給照了下

病因③

缺主語。誰遊覽？

處方

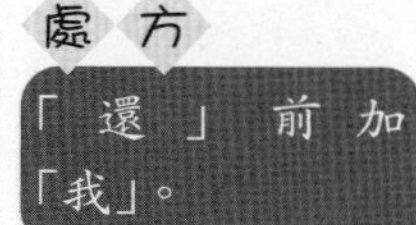
「還」前加「我」。

來。待我接過狗熊遞給我的照片一看，立即被逗得捧腹大笑。這是往日的我嗎？倒像個「小瘋子」。我正樂呢，忽然有人告訴我：「你帶來的國旗在城樓上升起來了。」我一看，高興極了。

臨別，一隊木星少年號手手拿各種彩色的氣球，整齊地排列在城門兩側，隆重地為我返回地球送行。身邊的狗熊與兩個木星人也微笑著向我致意。在一片難捨難分的道別聲中，我展開翅膀，飛離了木星。

精批

動物與人類的共生共存的關係在木星上也有體現。

返回途中，我興奮極了——因為我是第一位同木星建立友誼的使者。我笑啊，跳啊！隨手將身邊一塊隕石抱起，一躍便跳進了我的太空船。

咚！我的頭重重地被地板撞擊了一下。摸著漲痛的前額，我睜開惺忪的睡眼，屋裡黑洞洞的。飛船不見了，狗熊不見了，隕石不見了，木星上的一切都不見了——啊，原來是一場夢。我拖起一同滾落的枕頭，重新爬上床去。

精批

夢回現實，使想像具有合理性。

我想，經過不斷地努力，木星的奧秘一定能夠揭開，宇宙間各星球的人們一定能夠和平共處。將來我見到的一定會比這次夢裡所見的要更美、更好。我深信！

點評

其實應該想到，如果木星是個有高級生命存在的星球，那麼，那裡的景象定然不會與地球相同，還不一定怎樣新鮮獨特、離奇古怪呢！但是，「存在決定意識」，我們不可能想像出自己絕對沒有見過聽過的東西。因而小作者對飛往木星的想像，以及對木星所見所聞的想像都超不出「常識」的範圍。太空船早已成現實不說，那背上長出翅膀的想像，無非是受到飛鳥的「啓發」而已。與太空人對話的語言翻譯機，也有同步翻譯機、對講機的依據；而用扇子一搧，地裡便長出新鮮的蔬菜，也令人想到《西遊記》中孫悟空的本事，這是間接「知識」。而且扇子和蔬菜畢竟都是現有事物，這裡的想像，不過是將它們拉到一起就是了。至於參觀訪問、照相、升旗、列隊送行之類，就更是司空見慣的事，這些地方，都顯示出想像力受現實事物和經驗制約的特點。但不論怎麼說，小作者這番木星之旅的想像，表達了他進行科學探索的熱情，顯示出對一個和諧美好的宇宙大家庭的憧憬和嚮往。抱起一塊隕石跳進太空艙，卻原來是抱著枕頭摔在地上，大夢方醒。這一「情節」設計頗有情趣。

美好的夢

于爽

夜，悄悄地來了。多麼迷人，多麼美好！我躺在涼席上，仰望著神秘的星空。看，那幾顆最明亮的星星站在天邊，在向我眨眼、招手，似乎在說：「來呀！小朋友，這裡有好多奧秘需要①探測呀！」我嚮往著，嚮往著，頭腦裡浮現出無限遐想。慢慢地、慢慢地，我合上了眼，進入了甜蜜的夢鄉⋯⋯

病因①

用詞不當。

處方

「探測」改為「探索」。「奧秘」不能「探測」。

一天，我帶著一支太空探測隊，乘宇宙飛船來到了月球。啊，好大呀！好高的山呀！這裡有丘陵、高原，還有江河湖海，陸地上遍地叢生著樹木、雜草，只是沒有人類的足跡。我們全體隊員踏著荒原，攀著山路，去探索無窮的奧秘，規劃美好的未來。連日的疲勞被無限的興奮戰勝了。瞧，地質勘探隊首先發現了那一座座無名高山下埋藏著豐富的煤炭、鐵礦、銅礦。看，那邊山腳下汩汩冒出一股②澄澄的原油。哎呀！月球上的礦藏是多麼豐富呀！我想如果在這裡興辦若干個煤炭公司、鋼鐵公司、石油公司，地球上那些待業青年不都可以

病因②

用詞不當。

處方

「澄澄」只是指液體清澈，而原油應是「烏黑」的。

來這裡就業了嗎？太好了！

我們晝夜兼程，馬不停蹄地向前走啊走。看，這裡多麼開闊，完全可以在這裡建設一座現代化的城市，可以修影劇院，可以建滑冰場，還可以修飛機場、火車站、賓館、銀行……

嘿！前面風景旖旎，是一個理想的旅遊開發區。對，我們一定要把自然風光保護好，把世界上的遊人都吸引到這裡來，讓他們飽覽月球上這獨特風光。

我帶著太空探測隊在月球上走啊，走啊，無數個奧秘被我們發現，宏偉的開發規劃也擬訂出來了。

在一陣陣熱烈的掌聲中，我當選為月球總統。我很快組好了內閣，安排好了政府機構的其他人員，並立即開展工作。我們大家一致表示，一定要讓精神、物質兩個文明之花在月球上開放。我們是月球上第一代主人！我所領導下的人民多麼自由，多麼幸福啊！

啊，我多麼榮幸，多麼自豪呀！哈，哈，哈！我躍身飛起，跌了一③交，睜開睡眼，面前似乎已經變了。呵，天已大亮了。這時我才明白，原來我做了一個長長的夢。

不！這是夢，又非夢。這是美好的未來。

精批

有時候開發是對自然生態的一種嚴重的破壞，要注意人與自然的和諧。

微恙區

病因③

錯別字。

處方

「交」改爲「跤」

精批

結尾簡潔，畫龍點睛，表達了對美好未來的嚮往。

點評

「我」做了一個夢，夢見自己來到月球勘探礦藏和石油，並打算開發規劃月球，「我」還被選爲月球總統呢。本文通過寫一個美好的夢，表達了作者對美好未來的嚮往。立意明確，取材適切，除了遣詞造句略有瑕疵，其文章結構尚稱嚴整。

綠洲的夢

王晶晶

螢光幕上，駱駝隊迎著風沙，在酷日下長途跋涉。人們用發紅的眼睛注視著依稀可見的湖泊，充滿了希望。然而到了近前，這希望卻隨著景象煙消雲散，只剩下一座被風沙吞沒的荒城。①先前碧波蕩漾的湖泊，不過是「海市蜃樓」，人們只好舔舔乾裂的嘴唇，繼續前進……

病因①

缺少關聯詞，此處是揭示上文原因和眞相，需要加一個詞。

處方

可改爲「先前所見到碧波蕩漾的湖泊」

我看著電視，感到一陣困倦，便上床睡覺，漸漸進入了夢鄉……

一個漆黑的夜晚，我獨自走在回家的路上。突然，夜幕被掀開一塊，閃出萬丈光芒，

把大地照得如同白晝。枝頭的小鳥驚詫地看著這奇蹟，樹上的雄鷹也奮翅而起。人們歡呼著湧到街上，觀看「人造太陽」升空。這時，我彷彿進入了浩瀚的宇宙。一架太空船在軌道上飛行，它從艙內拋出一卷銀白色的「棉紗」。②在空中輕輕地漫開、飛舞，又在預定軌道上高速運轉，這就是和地球同步的反光網。白天，它虛無縹緲，陽光可以從它身上輕易穿過，普照大地；夜晚，它又變成③銅牆鐵壁，把照到地球外的陽光反射回來，形成無數個「不夜城」。

我駕駛著「銀鷹」從「不夜城」飛到新疆。過去這裡海拔很高，氣候惡劣。崑崙山、天山、阿爾泰山之間夾雜著兩個沙漠盆地，山上終年積雪，山下氣候炎熱。現在，雪峰上空出現了許多亮點，像持續的閃電，如高懸的明鏡，似手舉火把的普羅米修斯。這就是反光網下的聚光鏡，它把陽光集中到千年不化的雪峰上。

冰溶了，雪化了，清澈的泉水唱著「丁丁冬冬」的歌流下了雪山，流進了人工渠道，流向準噶爾盆地，匯集到塔里木河。④泉水濕潤了千年的荒漠，種下了成片的果樹；小塊的「綠洲」擴大了，出現了張張綠色的地毯。水在繼續流，它們淌進樹林，滲進草地，一頭撲

病因②

缺主語。什麼「漫開飛舞」？

處方

句首加「棉紗」。

病因③

比喻不當，「銅牆鐵壁」比喻十分堅固，不可摧毀的事物，與「反射陽光」無關係。

處方

可改爲「一面超光反光鏡」。

精批

三個連續的比喻非常具有想像力，也顯示出小作者的筆力。

病因④

主謂搭配不當。「泉水」怎能「種樹」？

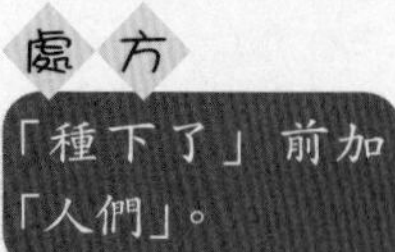

進大地的懷抱，灌溉了成千上萬的果園。果樹喝飽了，在微風中起舞，在陽光下沐浴，幾天後，形成了一堵堵天然的綠色屏障。百花齊放，萬紫千紅，果園裡鳥語花香，蜂唱蝶舞。這時，監測果樹的人造衛星突然發出警報：幾棵果樹生蟲了！機器人急忙提著殺蟲器來到果園。殺蟲器發出了陣陣轟鳴，散發出引誘蟲子的氣味。接著，青蟲白蛾紛紛自投羅網。果樹避免了一場災難，更加茁壯成長。由於長勢太猛，土壤裡肥料不足，樹葉黃了，花兒開始凋謝。這個情況很快被果園控制中心獲悉。接著，自動施肥機出動了。它們沿著林間夾道，把各種肥料撒向兩邊。很快，果樹又恢復了生機，結出纍纍碩果。黃裡透紅的水蜜桃、金色的蘋果、橙色的橘子掛滿枝頭。玉色的葡萄如串串珠寶。數十斤重的哈密瓜墜得藤蔓搖搖晃晃，⑤似乎不願安靜地躺在地上一樣。機器人來了，把水果都摘下來，裝入冷凍箱，從地下鐵路運往全國各地，由太空船運往火星城。人們品嘗到味美可口的水果，都笑逐顏開了。

精批

一連串的動詞使用得流暢而形象，擬人手法的運用也很嫻熟。

病因⑤

句式雜糅，「似乎……一樣」的結構不正確。

處方

刪去「一樣」。

「羌笛何須怨楊柳，春風不度玉門關。」詩人王之渙曾用淒涼的筆調寫出了塞外的荒涼、蕭瑟，但這早已成了新疆的過去。現在是「春風普度玉門關」了。這裡氣候溫和、繁花似錦，已成爲我國美麗的西北邊疆的春城。

我在這個城市中漫步，一個老爺爺和我談起了新疆的變化。他說：「孩子啊！過去新疆的沙漠可是荒蕪人煙，多少人渴死在戈壁灘上。可是，自從『人造太陽』上天後，新疆的大沙漠幾乎全部綠化，氣候也很宜人，『早穿棉襖午披沙，圍著火爐吃西瓜』，已經成了歷史的陳跡了。」說完，爽朗地笑了，我們大家也會心地笑了……

「晶晶，醒醒。你笑什麼？」爸爸把我從夢中喚醒。我翻身起床，朝霞已經映紅了窗戶。

精批

此段內容與上文重複，顯得多餘而囉嗦，可以刪去。

點評

夢，在許多情況下的確是我們的意識活動在潛意識領域的繼續延伸。小作者由看著有關邊地荒原的電視，而進入夢鄉，做起與之相關的夢，既與人的這一生理現象吻合，又巧妙交代了這番借夢境而表現的想像和理想的緣起：那是有感於邊疆的貧瘠乾燥和荒涼而引發的改造它的強烈願望。針對邊地的乾旱，小作者想像了人造太陽的創造，反光網的光明，從而將千年雪峰的冰雪溶化，吸足了水分的荒漠變成綠洲和果園。小作者又想像了監測衛星、機器人、控制中心、自動施肥機等等的使用，和將水果由太空船運往火星……總之，在小作者的想像中，新疆沙漠、荒涼的戈壁起了根本的變化。用笑醒來結束這場夢，顯示這番想像的甜美，表達對理想的執著和樂觀，也頗具有新穎性和感染力。只是小作者大概不知道，隨著全球氣溫的升高，青藏高原的冰川正加速融化，35年後也許全部消融，到那時將是嚴酷的乾旱降臨我們頭上，給我們的生存帶來威脅。因此解決荒漠的灌溉問題可不能因此再造個太陽。科幻文章的寫作要注意科技知識的正確掌握，這一點要特別留意。

假如我掌握了時間機器

孫燕銘

病因①
缺少連詞。

處方
「多變」後加「而」。

病因②
搭配不當，「認識是未知數」講不通。

處方
把「未知數」改爲「零」。

高爾基說：「世界上最快而又最慢、最長而又最短，最平凡而又最珍貴，最容易被人忽視而又最令人後悔的，就是時間。」是的，時間是台機器——永遠運動的機器。①它是那麼奇妙、多變又難以把握，你要想眞正控制它，的確不是件易事。

然而愛因斯坦相對論的提出，不是使我們眼前一片光明嗎？②同樣人類對於時空的認識並非是一個未知數，科學的力量是無窮的，說不定到了某個歷史時期，時間的奧秘最終被揭示，毋庸置疑，能掌握時間機器的人或許就是世上最幸福的人了！

假如我掌握了時間機器……

首先，遠古這個概念將不會再出現在人們的腦海中。古代先民不懂科學，有了時間機器後他們會與我們一樣精明能幹，人類的歷史便不再帶有一絲神秘，埃及的金字塔之謎也就失去了誘惑力，地質學家和考古學家的負擔也將大大減輕，③對於人類歷史上的許多問題都將迎刃而解。

病因③

介詞誤用。

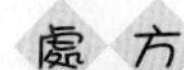

「對於」應刪掉。

其次，以光速在太空中自由航行，觀測整個銀河系以外的世界，對我們來說將不成問題。您不用擔心在太空中迷路，我的時間機器會將您安全送回地球。

再次，未來不再是個未知數，時間機器將載著我們飛越時空，一幅未知的世界圖景將展現在我們面前，激勵我們爲之奮鬥。

這些，正如我們所希望的，時間機器理所當然將服務於人類，④有益於人類。

病因④

上下文不一致，與前面的動詞「服務」不是同一詞性。

處方

改爲「造福」。

不過，話又說回來，當我操縱著時間機器進行一次又一次的時空轉移時，社會又應當以何種狀態存在呢？無非是過去、現在、未來三種形態。人們的思想將更加複雜化，各個歷史階段的人生觀、價值觀，以至於時代、階級的差異都將在同一個時代裡並存。由此，人與人之間矛盾叢生，不能和睦相處。眞是「罪過，罪過！」

精批

體現了小作者科學、嚴謹、理性的探索精神。

假如我掌握了時間機器，卻破壞了人類的和平、世界的安寧，那豈不是最大的悲哀！

時間機器，的確能創造出很多有利條件，但它的負面效應又並非我所願意的。

滴答，滴答，伴隨著時間的流逝，我在這世上走著，理想的火焰依舊在心中燃燒，燃燒……

點評

本文先引用高爾基的名言表明對時間奧秘的憧憬，再從愛因斯坦提出的相對論，反映出掌握時間機器的可能性。然後提出假如我掌握了時間機器，可以利用它來爲遠古先民、當今科學家和人類的未來服務。但作者也看到時間機器被利用後，也會造成種種弊端，不願看到它的負面影響。文章跌宕多姿，有波有瀾。選材、組材緊緊圍繞中心，既表達了美好的願望，也表達了自己的憂慮。本文在討論時間機器給人帶來的後果時，不是一味地讚頌，也不是簡單地否定，而是辯證地分析其利弊，能有這樣的全面而辯證的觀點，對中學生來說，也算是難能可貴了。

假如我是電腦專家

陳凱

每當我從報上看到科學家發明出許多高科技產品爲人類造福時，心裡就不由自主地嚮往那些專家學者，夢想著自己也能成爲一名電腦專家。

假如我是電腦專家，我會①早出晚歸在設備精良的研究所裡進行我的工作。目前世界上許多工作都是自動化的，惟獨汽車還要司機手握方向盤操縱。世界上車禍頻頻，許多人爲此失去了寶貴的生命。我的研究項目就是發明一種智能型自動化電腦，車上只要安裝了這種系統，人們就可以用聲音指示電腦，連小學生也會操作。

假如我的研究取得初步成功，我會用視訊電話報告研究所所長，讓他也②激動不已。如果他還有異議：「人腦反應比電腦慢，全部用聲音控制，還是會出事故。不如把交通規則輸進去，讓它自動控制，怎麼樣？」我會贊同地點點頭，又連續工作上幾天幾夜，使它更加完善。

病因①

詞語使用不當。「早出晚歸」指整天在外面。

處方

「早出晚歸」改爲「廢寢忘食」或「夜以繼日」。

病因②

用詞不當，一般來說此詞常用於表達自己的感覺。

處方

改爲「高興一下」。

假如外賓來我國參觀，我就用裝配了自動化電腦的汽車接送他們。③他們走進車內，發現沒有司機，驚訝地詢問，我會告訴他們，這是中國自己設計製造的無人駕駛汽車。他們一定會豎起大拇指，「中國人，了不起！」這時，我對車下了命令：「④目的——八達嶺長城，出發！」汽車立刻飛速前進。忽然紅燈亮了，汽車馬上停下來，穩穩當當的；綠燈剛亮，小汽車又立刻發動，往八達嶺開去。忽然，一位外賓說：「減速，我要欣賞長城腳下的風景。」話音剛落，車速立刻變慢，外賓疑惑地問：「這是怎麼回事？」我自豪地介紹：「這種車安裝了自動控制電腦，能自動控制，也能聽音行事。」外賓聽了贊嘆不已。

假如我的發明正式投入生產，我還要降低自動化電腦的成本，使它大量推廣，讓所有人受益！

爲實現這些理想，我現在⑤務必努力學習，刻苦鑽研，掌握好基礎知識，不斷充實自己，使自己成爲眞正的電腦專家！

病因③

缺少介詞。

處方

句子的首尾分別補充「當」和「時」。

病因④

語意不明。「目的」一詞所指範圍太大。

處方

改爲「目的地」。

病因⑤

用詞不當。「務必」常要求或勉勵別人。

處方

改爲「一定要」。

點評

從文中不難看出，作者對計算機知識和自動化專業知識有一定的了解，並且通過豐富的想像，設計出未來汽車的模型，尤其是對自動化汽車的功能做了詳細的描述。由於車上安裝了智能型自動化電腦，一切都用聲音來控制，這是作者大膽想像、別出心裁之筆，想像豐富、合理，讓人對這種汽車的製造與生產充滿了期待。

假如我來當媽媽

徐芙蓉

「你媽媽好嗎？」明明這麼問我。「當然好啊。媽媽不好，還有誰好？」我馬上不①加思索地回答。「不過……」我沉思片刻，又來了轉折，「不過我媽媽有些事也夠讓我傷心的了。比如吧，有一天我對媽媽說：『媽，大熱天的，給我做條連衣裙吧！』你猜我媽聽了怎麼著，她呀，眼睛睜得比銅鈴還大，瞪著我說：②『你還像個學生嗎？竟要這些東西。』我媽媽就這樣，還有哪，我也不想說了。唉……要是我來當媽媽呀……」「去你的！」明

微恙區

病因①

錯別字。

處方

「加」改爲「假」。「假」指依靠，憑借。「不假思索」指不用思考。

明在我背上擂了一拳，忍不住笑道，「眞不害羞。」

十四五歲的女孩子，紅口白牙地竟說起當媽媽，有誰能不害羞。不過我卻總是喜歡去想。因爲我喜歡我想像中的媽媽，我也希望人人都有個我想像中的媽媽。

現在，我可以盡情地想了。四周很靜、很黑，只能從窗戶看到遠處幾盞明亮的路燈。良久，我似乎覺得就是從那束最明亮的燈光中蹦出一個活蹦亂跳的、笑瞇瞇的小女孩，長得和我一模一樣，蹣跚著向我③眼前走來，逕直走進了我的腦海裡。驀地，我發現這個小女孩躺在了我身邊的一個搖籃裡。我和她住在一個雖不豪華卻很乾淨素雅的屋子裡——那是我們的「家」。「冰冰，我的好孩子眞乖。」我給她取了個我愛聽的名字，她咧嘴直朝著我笑。

我從許多報刊雜誌上知道了對孩子要進行早期教育，讓他們的智力得到早期開發。於是我④慢慢教冰冰學語文、數學，「天、水、木……」「1、2、3……」我還教她唱歌、畫畫兒……我要讓她成爲一個聰明的人，起碼要比我聰明。

漸漸地，她長大了，會說話，會吃飯，還會自己走路了。我晚上把她自己放在一個單獨的屋子裡睡覺，她哭了，我不理她；星期天，

病因②

表達不合理，語言不夠口語化。

處方

改爲「你一個學生要這些東西幹嘛？

病因③

用詞不當。「眼前」指跟前。

處方

去掉「眼前」。

病因④

用詞不當，「慢慢」指時間緩慢，做事不快。

處方

改爲「開始」。

我帶她到外面去散步，走了很遠的路，她眼淚汪汪地喊腿疼，我也不會去揹她。我要讓她學會獨立，我要讓她成爲一個堅強、勇敢的人。

她上學了，揹上了小書包，我便告訴她要講禮貌。早上起來，我便對她說：「Good morning, BingBing。」⑤很快她也學會了，每天早晨起來她都首先向我問好：「Good morning, mother。」我還告訴她要愛勞動。中午回家，我便教她燒飯，聰明的她學得很快。放學回家，她開始自己做飯了，做的飯呀，還挺香呢。晚上，我還要輔導她學習，我告訴她學習要認眞，不懂就要。她很聽話，每次聽我給她講解題目時，⑥總是眼睛睜得大大的，專心極了。我絕不反對她看電視，作業做完了，我便會打開電視機，和她一起坐在電視機前觀看。看電視時，我還給她講解，幫助她分辨眞、善、美，提高鑒賞能力。她長大了，⑦但難免有孩子的淘氣。她和別人家的孩子打了架，我沒有像有的媽媽那樣像追趕逃兵似的，拿著棍子跟著趕；也沒有置之不理，而是耐心地教育她，我對她說：「我們中國就像個大家庭，中國人都是一家人，我們要互相愛護。」她聽了默默地點點頭，雖然眼裡含著兩汪淚水，但還是主動到別人家道歉去了。對於她的進步我感到很高興，我誇獎了她，還給了獎勵，但不是

病因⑤

語序不當，況且此處也體現不出「也」字。

處方

改爲「她很快就學會了」。

病因⑥

缺介詞。

處方

「眼睛」前加「把」。

病因⑦

搭配不當，什麼是「孩子的淘氣」？

處方

改爲「難免跟其他孩子一樣淘氣」。

給錢，而是給她一支筆，並告誡她要「謙虛謹慎」，不要「驕傲自滿」。我還培養她良好的道德情操，公共汽車上，我讓她主動把座位讓給老人，揀到東西就叫她交給老師或歸還失主……我也要教她好好鍛鍊身體。⑧早晨，我天天和她一起跑步，不管颳風，下雪。我還將教她唱歌、跳舞、下棋、舞劍……培養她多方面的興趣，開掘她多方面的才能。我還給她講英雄志士的故事，塑造她堅毅的性格，告訴她無論碰到什麼困難，不要輕易落淚，因爲我們是人，人能戰勝一切。

好快！不知是什麼時候她已出落成一個大姑娘了，渾身充滿了青春的活力。她也逐漸變得成熟了，因爲我看見她已開始雙眉緊鎖。「冰冰，你怎麼啦？是媽有不對的地方嗎，還是你有什麼苦楚？說給我聽聽。」我關心地問她，我要替她分憂解難。「媽媽，怎麼有人那麼喜歡罵人，喜歡厭惡地朝我瞪眼……」是這樣，我知道了。我便給她講大海，讓她具有大海般寬廣的胸懷，給她講世界，讓她視野開闊；給她講人生，讓她知道生活不盡是坦途，還有溝溝坎坎；給她講托爾斯泰、愛迪生……讓她樹立遠大的理想，不要爲一些生活瑣事去浪費寶貴的時間。也許是由於我的⑨感染，她也是那麼喜歡文學，我沒有去阻止她，沒有偏

病因⑧

語序不當。

處方

改爲「我天天早晨和她一起跑步」。

精批

籠統地概述說明而沒有具體的例子來表現，這樣會顯得文字單薄。

病因⑨

用詞不當，「感染」一詞體現不出施動者的主觀性。

處方

改爲「薰陶」。

信「學文無前途」的言論，我還給她買了許多文學輔導書，並且告誡她不要偏科。「冰冰，你長大了想幹什麼呀？」我親切地和她談心。「我長大要當一個作家。」她天真地回答。我感到很高興，我不會讓她去爲一張令人羨慕的大學文憑而拚死拚活，我認爲讓她以自己的興趣去選擇自己的道路更好。我還要讓她性情受到美的陶冶，舉止講文明、有修養。告訴她不要自私，也不要存在嫉妒。「媽媽，假如我來做媽媽……」她坦誠地對我說。我沒有生氣，更不會責怪她那是「傷風敗俗，無規無矩」。「你會怎麼樣？」我愉快地問她。我們是母女，但也是朋友，在家裡，我讓她和我享有相同的發言權。她帶了許多同學到家裡來玩，並且還有男同學，我熱情地招待了他們，和他們在一起談笑風生，在一起下棋、唱歌……我還給她做時髦又美觀大方的衣裳，讓她生活得既快樂又自由、充實。後來，她長大了，再後來呢？假設……我也假設不到了，因爲我再也想像不到後來我將是個什麼模樣，那個「我」已經到⑩媽媽這個年齡了，再後來莫非成了個老太婆。

「嘻嘻……」我忍不住笑起來，四周仍很黑，遠處那盞路燈仍閃爍著。「明明，」我推了一把躺在身旁的明明說，「要是我們將來真

微恙區

病因⑩

指代不明，誰的「媽媽」讓人不明白。

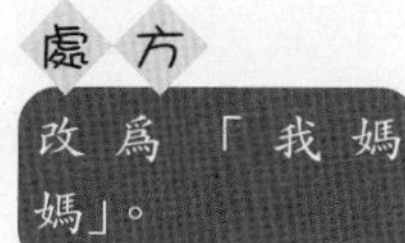

的做了媽媽，我們的小寶貝一定會成爲又聰明、又有修養、又那麼……那麼的不平凡之人，是不是？」明明笑著肯定了我，黑夜中，我們爲自己的想像思考著，興奮著……

不知什麼時候，我睡著了，進入了甜美的夢鄉，做了一個孩子們才會做的甜美的夢。

點評

有時候我們所說的想像，不過是我們對自己某些生活經驗的回憶。文中小作者想像自己當媽媽的種種情景和細節，不過是她從生活中、影視中甚至小說中得來的種種有關印象的綜合，其中有很大一部分想像的內容，是從自己媽媽如何教育培養自己的切身經歷裡得到的，因而也最眞切和生活化。而一旦想像中的「兒女」長到現在自己這般年齡，自己再如何做媽媽，因無切身「經驗」——實際感受，於是想像隨之中斷。想像文亦如任何文章一樣，都應該是有感而發的。本文，小作者想像自己如何做媽媽，源於對自己媽媽和一些別的媽媽們管教子女方面一些失當之處的不滿。比如她要做件連衣裙，媽媽都說不像個學生，竟要這些東西，等等。文章表達了年輕一代對建立一種互愛而又平等的母女關係的呼喚。至於對自己未來的子女的期盼，實際上也反映了作者本人的理想，並有對自己媽媽種種苦心的理解，它要說明母輩和我們年輕人根本目的的一致，因而互愛是矛盾的主要方面，是生活中的主旋律。

假如我是清潔工

江蓉

假如我是清潔工，走在馬路上，我會滿意那些歌的讚揚、詩的稱頌嗎？我不知道。但我卻知道與這歌頌同時並存的，還有一股習慣勢力，即一些人的忌諱和鄙視，時刻在壓迫著清潔工的心！於是自卑，在清潔工的心裡紮根，發芽。

假如我是清潔工，我決不自卑。①對從身邊捂著鼻子、嘴巴，厭惡地匆匆而過的一些人們，我將顯示出心靈與外表的統一，讓人們感到清潔工同樣是美的、高尚的。

假如我是清潔工，我決不鄙視自己，我是勞動者，是社會的主人，我與眾多的人們共同主宰著這個國家。當我的身後留下一條條灑著我的汗水的整潔的街道時，我會為自己的成果而驕傲；會把路人的愜意當成安慰。②社會本來就是這樣一個相互服務的大家庭，在我辛勤工作的時候，我會想到有許多人同樣正在為我而奔忙。

假如我是清潔工，我也不會僅僅滿足於工

病因①

語法錯誤。從誰的「身邊」匆匆而過？

處方

改為「對那些捂著鼻子、嘴巴，厭惡地從我身邊匆匆而過的人們」。

病因②

成分殘缺，誰相互服務？

處方

在「相互服務」前加上「需要大家」。

作的辛勤。當我看到掃地時揚起的塵土破壞了天空的明淨、玷污了碧葉的清新時，我會深深地感到有愧於心。我要進夜間大學自修，學習普通物理、高等數學、機械製圖……我要想辦法設計出最新型的機動清潔車。只要輕輕地撳動按鈕，水霧就噴出來，彷彿初春的雨絲，均勻地灑到路面上。我要留給人們一個明媚的早晨，一個清新的夜晚。

假如我是清潔工，我絕不沉默，或神經質地怕羞。要得到別人的尊重，首先要尊重自己。我的生活，將與人們一樣，有快樂，有自豪。回到家裡，我不用愧對父母，③我對社會是貢獻的。面對親友，我不躲閃，自我介紹時，我會響亮地說出自己的職業。我將以自己熱情、坦率的性格，豁達的胸懷，以及對自己工作的理解與熱愛，去贏得人們的尊重。休息時，我也會帶上麵包，④矗立在圖書館的書架前，用我熱切的、求知的目光，在那文字的世界裡暢遊。我會與李白一起放歌於煙波浩渺的揚子江，會與白居易一起聆聽琵琶女哀傷的嘆息，會為安娜和林黛玉的不幸一灑同情之淚，會聽瓊瑪給我講她那動人的故事。寂寞了，我會拉著瓦爾瓦拉的手，小學生似的跟她促膝談心；迷惘了，我會踏著林道靜和江姐的足跡，去求索人生的眞諦。此外，我還要了解貝多芬

病因③

表達不當，「貢獻」一詞不能當作形容詞用。

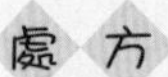

改為「我對社會做出了貢獻」。

病因④

用詞不當。「矗立」用於高大的建築物。

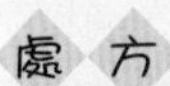

「矗立」改為「佇立」。（長時間的站著）。

的命運，欣賞李斯特的鋼琴小品，隨著多瑙河的浪花跳起青春的舞步……

這些都是我，一個清潔工的生活——充實、快樂、純潔，沒有絲毫的怠惰。當我坐在主席台上，拿著勞工模範的獎狀時，我將用我的才華和品德，向人們宣告：「我，一個新時代的清潔工，同樣是美好和高尚的，我的價值將與別人同等地放在人生的天平上！」

精批

此句表達得相當巧妙，頗有詩句的精煉，「多瑙河」既是指李斯特的作品，又是實指，給人想像的空間。

點評

羅曼·羅蘭說：「要散布陽光到別人心裡，先得自己心裡有陽光。」要改變別人對自己工作的錯誤看法和偏見，就先得自己對所從事的職業有正確的認識和深刻的理解，並做出應有的成績。早出夜歸的街頭清道夫、四處奔走的垃圾清潔員、埋首工廠的作業員，仍受到人們的尊重和愛戴，就是最明顯的例子。想像，只有當它接受理性的約束和支配時，才會具有思想認識方面的價值。小作者在文中設想自己做了清潔工時的種種心態和追求，源於她對現代社會職業分工和人際關係的清醒認識，源於將社會需求與自我實現統一起來的先進價值觀和人生觀，從而顯示出認識的正確、深刻和富於啓示意義。作者的文筆是優美的。她用形象、生動、優美的筆觸，寫下一曲清潔工的贊歌，也是理想的贊歌。

假如我是詩人

唐沖

詩人，多麼神秘、多麼浪漫的詞語啊！剛識字時，熱愛文學的爸爸便教我讀詩、背詩。詩，是我最先接觸到，也是後來最喜歡的文學樣式。

小時候，當我躺在院子裡數著天上的星星，嘴裡吟著「迢迢牽牛星，皎皎河漢女」時，心裡便對這些詩、這些詩人有一種嚮往。①漸漸長大，面對深邃神秘的夜空，多麼想在上面寫下屬於自己的詩行！不知是誰猜透了我的心思，幽幽地，一個遙遠的聲音傳來：「想做一名詩人嗎？想做一名什麼樣的詩人呢？」

是啊，我想做一名什麼樣的詩人呢？

假如我是詩人，我要像李太白那樣浪漫、飄逸。總是嚮往他的「舉杯邀明月，對影成三人」的境界，也欽佩他「天生我才必有用，千金散盡還復來」的灑脫、曠達的氣概。希望能像他那樣淋漓盡致地揮灑內心的眞實感受，寫出流芳百世的名篇。

假如我是詩人，我也許會選擇杜子美的沉

病因①

缺主語。

處方

「多麼」前加「我」。

精批

李白的偉大不只是表現在他爲我們留下了傳誦千古的名詩佳句，還在於他是一名愛國的詩人，一名正直的詩人，一名胸懷大志的詩人。

鬱，感受他的「感時花濺淚，恨別鳥驚心」，憂國憂民，用筆、用詩的語言刻畫世態炎涼，震撼人們的心靈。

假如我是詩人，我要學拜倫，學雪萊，學他們那種革命的浪漫主義。用詩的武器，投身革命，寫出像《堂·璜》那樣②膾熾人口的名篇。

假如我是詩人，也希望像郭沫若先生那樣豪放、熱情，「不斷地毀壞，不斷地創新，不斷地努力」，對國家無限熱愛，對新生活無限嚮往。

假如我是詩人，最想要的是汪國眞的那份青春的熱情，他的詩裡流動的青春的血液，跳動著的青春的脈搏，還有「只要，情也潔白；只要，詩也透明」的純眞、清新。

假如我是詩人，做一名「鋼琴詩人」也好，像蕭邦，雖然他是一名音樂家，但我總把他劃入詩人的範疇。他的音樂，又是詩的語言，每個音符，都是美麗的字眼，給人以詩的感受，字裡行間傾注著對祖國波蘭的無限深情。

遙遠的聲音又響起：「你是對的，可你又錯了，做一名詩人，固然要學習前人，更重要的是做好自己。」

對！假如我是詩人，要做好自己，用詩去

病因②

別字。膾：切細的肉。「炙」：烤熟的肉。膾炙人口指美味的食物人人愛吃。比喻美好的事物（特別是文學藝術作品）人人讚美和傳誦。

處方

「熾」改爲「炙」。

精批

認清自我，不盲目地去做才是明智的。有了知識的積累才能更輕鬆自如地實現自己的理想。

抒發感受，去描繪生活，在詩的世界裡，留下屬於自己的一頁！

點評

羅曼·羅蘭用詩一般的語言讚美了夢想的價值，他說：「生命是一張弓，那弓弦是夢想。」年輕時代的美麗夢想，往往是力量的源泉，是推動進步的動力。小作者在文中抒發了自己當一個詩人的美麗夢想。看得出，他的夢想的形成有家庭的影響，有對古今中外優秀詩人和他們成就的了解和崇敬，有對做一個優秀詩人必須有自己鮮明個性的深刻認識。看得出他有著做一個詩人必須具備的一定的知識素養，有豐富的想像力，有澎湃的激情，有充滿詩情的語言素養。這樣，文章本身就顯示出，他的夢想不是不著邊際或脱離自身實際的空想，而是具有積極意義、建立在紮實基礎上而有實現可能性的理想和信念。那麼，這樣的夢想，拿一句流行的話説，就必定能「好夢成眞」。

假如人真的能活到1200歲

周潔

近來，許多家報刊以及電視新聞都爭相報導生物醫學工程學界的一次重大技術突破——人類基因重組圖的繪製成功，①並且還宣言通過改變人體的衰老基因，可使人延緩衰老，甚至可活到1200歲。

我想這對於一些想長生不老、萬壽無疆的人來說一定是一個天大的喜訊。尤其是秦始皇，也許他正恨不得重生去品嘗一下新科技的成果呢！

②這種藥品雖然還處於研究當中，隨著科技的不斷進步，「不死藥」的製成絕不是毫無可能。假如人眞的能活到1200歲，整個世界又會發生一些什麼變化呢？

首當其衝的將會是人口問題。現在世界上人口膨脹嚴重，若每個人都活到1200歲，而且在此期間不斷地生兒育女，那人口與環境的天平終究會失去平衡，造成糧食供應不足甚至對環境造成毀滅性的破壞，後果眞的是難以想像。

病因①

表達不當，「宣言」應是搞基因研究的人做出的，而從此處看應是新聞界的「預言」。

處方

改爲「報導還預言」。

病因②

關聯詞語使用不完整。

處方

在後半句前面補充「然而」。

接下來由於各國的資源嚴重短缺，國與國之間為了爭奪資源，也許會引發戰爭，掀起一次又一次的世界大戰，造成嚴重的人身傷亡，1200歲，也許活不下去了。

倘若撇開上述③二點，就個人而言，如果「不死藥」只能供給某些特定的人物所用，那麼，當他們眼睜睜地看著自己最親的人以及後代一個個都捨他們而去，而他們卻無能為力，那他們即使是豐衣足食、長命千歲，又會活得開心嗎？

病因③

數量詞誤用。量詞前用「兩」不用「二」。

處方

把「二」改為「兩」。

更有甚者，如果服用了「不死藥」的是一個暴君，像希特勒那樣，為了一己私欲，視人命如草芥，那整個世界的人民都將生活在水深火熱之中……

以上的一些都是消極方面的想法。其實「不死藥」的作用並不全是消極的，假如把它用到保護瀕臨絕種動物方面，便可挽救不少物種；又如用於遺傳學上，便可挽救那些出生便患有遺傳病的人的生命……

這樣看來，似乎人是否能活到1200歲已不再重要了。其實人生的價值並不在於生命的長短，而在於你是否把握住這短短數十年時間來為自己生活的世界多做貢獻。若連這短短數十年也用不好，又怎能用好1200年的時光呢？

精批

這才是生命的真正的意義，毫無作為地活著的生命是沒有任何價值的。

點評

《假如人眞的能活到1200歲》這篇文章是一篇具有哲理的想像的作品。說到理智是因爲文章引申的內容與前邊的前提有必然的因果關係。說到想像是因爲文章所引申的內容是作者按照其邏輯關係想像出來的幾種結局。而這幾種結局並不僅僅是推斷出來的結果，卻是一幅幅活生生的畫面。從本文的想像來看，作者的想像力是十分豐富的。她不僅想到了「人口問題」、「資源問題」、「情感問題」、「生物問題」，而且還想到了由此引發的「社會問題」。

世上只有爸爸……

顧開嘉

我想，老師出此題的目的大概是讓省略號變成諸如「好」、「壞」之類的話。可我偏偏一見此題，腦中立刻浮現出一幅「假設世上只有爸爸」的畫面來……

假如世上只有爸爸，那麼會省去不少嘮叨。當一個個爸爸把孩子送到學校時也一定會少一些「冷了就把圍巾繫上」、「上課別做小

精批

文章開題就很新穎別致，使讀者產生閱讀興趣。

動作」等等的令孩子們不耐煩的叮囑。放了學，爸爸們在等著接孩子時，也不會像媽媽們那樣聚在一起眉飛色舞地談自己的孩子得了幾個一百分，學習如何如何，以及一些「你身上這件毛衣是識的還是買的？花樣怎麼織？……」而爸爸們一定會無比莊重、嚴肅地站在校門口，①內心焦急而表面上卻若無其事地等待著自己孩子的出現。孩子們出來了，他們也不會像媽媽們那樣迫不及待地詢問「今天你得了幾朵小紅花？考試成績如何？」而是迅速把孩子抱上自行車，頭也不回地走了。

病因①

濫用關聯詞語。「而」和「卻」都表示轉折。

處方

去掉「卻」或「而」。

然而，假如世界上只有爸爸，我們可就要吃點苦頭了。就拿我爸爸來說，他手很巧，什麼東西經他一擺弄都會收到意想不到的效果，②但做飯卻是他的弱項。每當媽媽不在家時，我能得到的「美味佳餚」不是「康師傅方便麵」就是「冷凍水餃」，並且我和爸爸對收拾屋子都深惡痛絕，倘若真的只有爸爸，那家裡豈不成了「狗窩」！天哪，假如世界上只有爸爸，誰來照顧我們呢？

病因②

濫用關聯詞語。「而」和「卻」都表示轉折。

處方

去掉「卻」或「但」。

假如世上只有爸爸，可以想像，我們在課堂上面對的都是男老師，從他們那裡，我們得不到和藹、親切的女老師那種寬厚的「母愛」；可以想像，我們在商店裡遇到的都是男子漢，以至於那琳瑯滿目的商品失去了它們應

有的吸引力，因爲我們感受不到顧客應得到的熱情；可以想像，在舞台上表演的演員全都是動作「剛勁有力」的男士，那麼優美的芭蕾舞、民族舞也都將會黯然失色；可以想像……天哪，假如世上只有爸爸，那麼我們從哪兒去充分感受那「母愛」、「溫柔」呢？

由上述可得結論，假如世上只有爸爸，那麼弊會大於利，我們需要爸爸，也需要媽媽！世界是由兩部分組成的，缺一不可！

世上只有爸爸……？

精批
結尾形式巧妙，用一個問號引發讀者的思考。

點評

《紅樓夢》第六十四回有一段薛寶釵評論林黛玉《五美吟》的話，說：「做詩不論何題，只要體會古人之意。若要隨人腳蹤走去，縱使字句精工，已落第二義，究竟算不得好詩。……今日林妹妹這五首詩，亦可謂命意新奇，別開生面了。」林黛玉在她的有關西施、明妃等的詩中，一反前人對這些女子的慣常看法，而寫出自己獨特的見解，從而受到寶釵的好評。它說明詩文審題立意能做到「推陳出新」，往往能收到出奇制勝的效果。小作者面對「世上只有爸爸……」這一命題，沒有沿著「世上只有爸爸好」或「世上只有爸爸壞」這樣一些多數人會選擇的路子去立意和思考，而是把它變成了「假如世上只有爸爸」這樣一個別人大都不會想到的題目去做，文章一上來就給人一個立意新奇、出手不凡的印象。而文中通過對此所顯示的對爸爸輩的欲抑先揚和對媽媽輩的欲揚先抑，雖屬司空見慣，也寫得別有風趣。而結論不只回答了假如只有爸爸的利弊，更強調了「世界是由兩部分組成的，缺一不可」的主題。針對當今社會上種種家庭分裂的悲劇，這一主題頗具現實意義。

我想做個好作家

宋開文

精批

小作者對其眼中的「作家」的描述眞是形象生動，刻畫得入木三分，讓人看後印象深刻。

讀過不少教導女孩子的文章，文章告誡女孩子千萬不要嫁給詩人、作家，說作家往往刁鑽古怪，不修邊幅，書籍堆得滿地，襪子扔在枕上，成天抽煙，熏得滿室雲蒸霧繞。即使這樣，你還不能勸他戒煙，甚至你再難受也不能咳嗽，否則他會暴跳如雷，說你影響了他的靈感。還說作家豐富的感情只在一支筆裡，生活中你休息得到他的丁點溫情……

我不知道是否作家都這樣，或者說像這樣的人就叫做作家，但我敢說，這樣的作家，不是好作家，至少不是讀者心目中的好作家。而我的理想，是要做個好作家。

假如將來我能成爲一名作家，首先，我絕對不抽煙。之所以作家大都嗜煙，①據說是因爲香煙裡的尼古丁吸入人體後能產生靈感。尼古丁吸收得越多，靈感就越多，寫出來的文章也越好。我卻不信，我覺得清新一點的空間裡含有的靈感也許更多些，所以我不需要用香煙來啓發靈感。這樣，我的文章裡可以沒有煙味。這可能會使癮君子失去口味，但我會贏得孩子、女人等更多的讀者，這倒是一件大大的好事呢。

假如我眞能當作家，我一定收拾出一個整潔的環境，把自己打扮得體體面面，不一定華貴，卻一定要宜人。曾經無數次地設想，懷著美麗的幻想，坐在桔黃的燈光下，我用我眞情滿懷的心，專注地寫作。

一束玫瑰靜靜地盛開在書桌前，一旁的茶杯裡升騰著縷縷熱氣，茶香四溢。如果有興致，把錄音機壓到最低音量，讓它緩緩流出一曲曲雅致幽婉的古筝曲……整個屋子裡潔淨、溫馨，充滿了無限詩情。難道，這對於作家不是一種享受嗎？可以料想，那時，我的文章裡一定會增添幾許動人的情韻。

還有，成了作家，我不但在作品中傾注情感，生活中我也會把最深的愛獻給父母親，獻給朋友和所有善良的人們。我用愛心抒寫世

病因①

缺主語。誰產生靈感？

處方

「人體後」後面加「人」。

精批

文字優美，語言隨情緒的流動而富有節奏感，頗有詩情畫意。

界，同樣用愛心擁抱世界、回報世界。我要向世界證明，作家的感情不只在筆下，還在他的全部言行中。

想做個好作家，儘管我只是個10多歲，還很幼稚的「娃娃」；想做個好作家，我願為世界奉獻真善美，使人間充滿更多的歡樂。真的，想做個好作家，讓愛我的人們和我愛的人們，讚賞我的文章，也佩服我是個像模像樣的男子漢。

點評

文章為某些所謂的作家畫了一幅絕妙的畫像，實際上也是對這些自認為有作家派頭和風度的作家做了一點針砭。我們老一代德高望重的作家、藝術家們，全然不是那樣，因為作家、藝術家本來就是人類靈魂的工程師，在各方面應該都是眾生的楷模。更何況「感情只和感情說話」，一個在生活中不懂感情的人，很難寫出能感動人的作品。因而具有文中所指出的那些缺陷的作家，的確不會成為一名好作家，而且算得上算不上作家都很難說，因為並不是寫出了幾篇文章、幾部作品，不論好壞都可以稱為作家的。小作者的文章顯然是有感而發的。至少從客觀上讓人感到主要是在直接或間接對某些作家進行批評、勸諫，因為如果真的想當個好作家，僅僅不抽煙、愛整潔、有真情，顯然是遠遠不夠的，雖然它們也很重要。由此，我們似乎可以領悟到，這類設

想性的想像文原來還有一種諷喻功能。當我們設想自己應該怎樣正確做人行事的時候，無形中卻鞭撻了種種不良或扭曲的做人行事準則，對某些當事者不啻是一劑良藥，對廣大讀者也有必要的教益。

如果我是風

邵奕

如果我是風，我要穿上彩色的衣裳，在人間自由地奔跑，讓人們看得見我。

春天，我會穿粉紅色的衣裳。迎春花是我的朋友，一年才來一次，我得先去拜訪她。她張開黃色的花瓣歡迎我，隨著我的腳步抖動枝條，顯得婀娜多姿。人們歡呼著：「這是春風，春天來了！」告別迎春花，我將暖流吹向人間，讓人們脫去厚厚的冬裝，讓小草探出頭來張望。我所到之處，都會留下一片粉紅的美麗，留下水陸草木的芳香，帶走人們的煩惱。在公園裡，我會靜靜地看老人下棋，調皮的我會把老爺爺的白髮吹得「怒髮衝冠」。我會把斷線的風箏送回孩子的手中，再拭乾他臉上的淚珠，讓他的風箏在我的幫助下重回天空翱

精批

開首語言簡潔且有韻味，直抒胸臆的表達使句子顯得流暢而生動。

翔。

精批

用藍色代表風的顏色很能讓人們在夏天感覺到一絲絲涼意。

夏天，我要套上淺藍色的短裙，把海一樣的顏色和涼爽帶給人們。我會吹乾人們的汗水，還他們一個涼爽的夏天。夜色濃了，我輕手輕腳地從乘涼的人群中走過，替孩子們蓋上毛巾，收拾好年輕人的雜誌，帶走他們一天的疲勞，留給他們寧靜和安逸。我會和太陽商量，讓他帶上一層面紗，收斂那灼人的光芒，像春天一般慈祥地望著人們。我要把烏雲和雨點送到旱區，讓那裡的人看到希望，看到藍色的我。

精批

把落葉比喻成蝴蝶非常新穎。

秋天，剛換上鵝黃色秋裝，我便拉起落葉金色的小手，帶著他們玩耍。不一會兒，落葉像舞倦了的蝴蝶，躺在地上睡著了。我得叫醒他們，把他們送進清潔工人的垃圾袋中，和他們依依不捨地告別。鵝黃色的我勤勞地摘下樹上的枯葉，卻不會使人感到「秋風掃落葉」的淒涼。我溫和地撫著女孩子們的長髮，扯動她們的長裙，把秋天裡最後的美麗毫無保留地送給她們。

病因①

用詞不當，可以聯繫下文人們的表現來分析。

處方

把「寂靜」改成「寂寞」。

冬天，我裹著銀灰色的棉襖，很少出門。這是個①寂靜的季節，人們匆匆地趕路，不再來感受我的熱情。偶爾，我會停在枝頭，與紅梅輕聲地交談。我讓雪花變幻著花樣落地，看孩子們玩雪，聽他們歡快的笑聲。夜晚，我飛

快地旋轉，盡情地舞蹈。人們隔著窗，微笑地看著我，彷彿他們盼望的春天已經到來。

如果我是風，我要做善良、美麗的風，受人歡迎的風，熱情奔放的風。朋友，你呢？

點評

春天的風婀娜多姿，夏天的風寧靜安詳，秋天的風勤勞美麗，冬天的風銀裝素裹。如果「我」是風，「我」要做善良、美麗的風，受人歡迎的風。作者通過想像的筆寫出了自己善良與熱情的性格。全文緊扣「風」的主題發揮，擷取四季不同的「風」貌，頗能凸顯主題。其首尾呼應，結構嚴整，也是優點之一。

彩　虹

郭穎琦

今天的太陽特別明媚。早晨，我來到公園的樹下看書。忽然，眼前一亮，我抬頭一看，一道神奇的彩虹出現在我面前，好像敞開了一扇七彩的大門。一股莫名的力量使我站了起來，扔掉手裡的《少年科學》，走了進去。無數道門頓時出現在我的眼前，「未來」兩個字

精批

彩虹的出現自然地過渡到下文的想像世界。

在我眼前一閃，那扇門就自動打開了……

撲鼻而來的是一陣花兒清香，到處綠樹成蔭，鳥兒鳴啾，人們①三三倆倆地在彩色路面上散步。這是哪兒？我一陣欣喜，四處打量著。「你好！你是從未來之門來的嗎？」隨著一串銀鈴般的說話聲，一個年紀與我相仿的女孩來到了我的面前，臉上露出燦爛的笑容。「嗯。」我輕輕地答了一聲。「歡迎到我家做客！」「謝謝！」於是，我便跟著她向前走。

病因①

誤用數詞。「倆」指「兩個」。

改爲「兩兩」。

這地上有許多圓球，只要踏上去就能到達想去的地方。我這才知道我已經到了未來，那扇未來之門很長時間才向一個人打開，而且只能住一天時間。我眞幸運！這個女孩叫小玲，一位普通市民。她向我介紹了這裡的一切。

「這兒沒有汽車嗎？」我好奇地問。「有啊，不過不是汽車，是高空懸浮車，你瞧！」我順著她手指的方向望去，一輛輛銀白色的、外形就像大梭子似的流線型車在我頭頂上穿梭，卻②並行不背。它們完全是利用太陽能的，沒有一點污染。車輪也被一套氣墊裝置所替代，就像氣墊船一樣漂浮在空中，大大減小了磨擦，提高了速度。聽小玲說，車上有先進的電子計算機，可以指出最佳行車路線，確保安全、方便地行駛，還有各種應急設備來應付特殊情況。「你看這草，」小玲說，「這可是

病因②

錯別字。

改爲「並行不悖」。（悖，指違背，牴觸）。

一種在任何物體上都能生長的草。還有這土壤，是環保型的，可以分解掉地上的垃圾，並轉化成草的養料。」「難怪這兒到處是綠色的呢！」我贊嘆道。路邊，有一個個小小矮矮的機器人十分可愛。其實它們是垃圾箱，只要你招招手，它們就會來到你身邊，忽閃著藍色的眼睛，將扔進去的垃圾③自己分類。迎面走來了一位小學生模樣的男孩。小玲見我盯著他的書包，就忙向我解釋道：「這書包是充氫氣的，沒有什麼重量。而且現在的教學是完全互動討論式的，老師和學生在電腦上暢所欲言。」

不知不覺，已經到了小玲家。這可不是我所熟悉的鋼筋混凝土樓房，④而是一洞矮矮的小房子。小玲帶我來到她的房間，從飲水機裡放了一杯水給我，繼續向我介紹她的家。這房子的櫃子由輕便堅硬的壓縮食品構成，不用時，按一下藍鈕，就能變成一個背包，分層放許多東西；要用時，再按一下紅鈕，五秒鐘內馬上又還原。屋裡的家具都如絲綢般⑤軟、滑，卻很有「形」，牆上的「磚瓦」可供熱、可調溫，壞了會自動修補。咦？這房子裡又沒開燈，怎麼這麼亮？我這才注意到窗上掛著「家用太陽能蓄能窗帘」，表面極薄的太陽能吸收器靈敏度很高，即使太陽公公「猶抱琵琶半

病因③

囉嗦，前面動作的發出者已經表明了「分類」的就是垃圾箱。

處方

刪去。

病因④

錯別字。

處方

把「洞」改爲「棟」。（棟用來指一座房屋）。

病因⑤

過於省略造成表達不充分。

處方

改爲「柔軟、光滑」。

遮面」，它依然能儲存能量。待陰冷天氣或炎炎夏日，拉上窗帘，又能自動調節室內的光亮和溫度，與「牆」的功能差不多。

精批
引用詩文恰到好處，形象生動。

玩了一天，是吃飯的時候了。菜大多是蔬菜，卻很可口。由於不再捕殺動物，肉類食品是人工合成的。晚上，小玲讓我在她房間睡，本來我擔心睡不著，催眠床可幫了大忙，舒適的曲線和悅耳的音樂伴我進入夢鄉。

一覺醒來，我也該回去了。走出門外，彩虹又出現在我面前。「再見了！小玲。」「再見了！」我告別了這童話般的世界，走出彩虹，回到了樹下，拿起了地上的《少年科學》。那絢麗的彩虹再也尋它不著了……

精批
由夢想而現實，借夢醒而結束想像，比較自然。

點評

先交代「未來之旅」的起因，後寫「未來之旅」的所見所聞：方便、安全的交通，優美的環境，奇怪的住房等。行將結束時，點明「拿起地上的《少年科學》」，與文章的開頭相呼應，結構渾然一體。除了少數錯別字及不當措詞外，全文立意清新，取材亦多能契合主題。

我願我望

無鳥

一陣清風，載著一個絢麗的夢，吹到藍澄澄的天際，駕著白悠悠的浮雲往前飛，飛到夕陽邊，飛到落霞裡，爲嫣紅的天幕繡上一道絢爛的繽紛。

穿起鞋子，馱起背囊，背著七彩的夢，背著滿懷的理想，背著一顆無知的心，背著一股青春的傻勁，踏上征途。

我願躺在綠油油的草地上，嗅嗅撲鼻的花香，聽聽萬籟的回響，低吟李煜的詞，不然就飄上青天攬明月……

我願立在喜馬拉雅山山峰上，讓無際晴空洗淨我眼中的污穢，讓颯颯清風吹走我心中的塵垢。①當夜闌人靜，仰望長空，便悄然與星兒竊竊私語，跟月兒互唱心曲，驅走無眠的孤獨……

我願攜著布囊，攜著一顆熾熱的心，對抗熾熱的太陽成爲絲路過客。②哪怕熱浪的煎熬，信心和毅力是荒漠甘泉；哪怕長路的折磨，意志和勇氣是扶杖。縱然是漫天飛沙，漫

精批

文章一開首就展示了小作者的文采，尤其是「藍澄澄」「白悠悠」兩個詞語，色彩鮮明。

病因①

缺主語。

處方

「使」前加「我」。

病因②

句式有誤，「哪怕」引領的句子常強調後者，表示出一定的轉折關係，此處沒有得到體現。

處方

可把「哪怕」改爲「我不怕」。

漫長途，滿腔熱血卻使我如騎著飛馬向前奔騰，向前高飛，飛到那夢中的天之涯，海之角。

我願騎著一匹駱駝，輕撫它柔軟的駝峰，橫渡萬里長沙，踏遍令人悠然神往的撒哈拉。我願以駝足爲畫筆，黃沙爲紙幅，描繪出撒哈拉的神秘和奧妙。曾幾何時，一個滿懷激情的中國少女，披著一肩散髮，懷著一股飄逸、灑脫、③浪漫的毫情，留住了哭泣的駱駝，編織了撒哈拉的故事，體驗了眞正的遊子生活……

病因③

別字。

處方

改爲「豪」。

我願長著夢幻的翅膀，飛到希臘的愛琴海邊，讓潮水捲來奧運的歡呼，讓濤聲伴著柏拉圖的沉思。躺在那彌漫著神秘色彩的希臘神殿裡，凝視著那一支支燃燒著文化氣息的火炬，回想著那一串串浪漫旖旎的神話，但願自己也幻化成希臘女神，跨在太陽神的肩膀上漫遊詩路……

精批

此一部分想像奇特而瑰麗，富有人文氣息。

我願——

我願這個理想，這個願望，能有實現的一天！

點評

本文意境優美，小作者彷彿插上想像的翅膀周遊，任思緒飛揚，任情感自由宣洩。這份悠然自得的閑情透過瀟灑的文筆將自己「觀古今撫四海」的所見所聞描繪得淋漓盡致，也創造出了該文優美而富有詩意的意境。

與上帝做拍檔

杜偉

上帝住在天堂裡，而我待在人間。

天堂呀？怎麼說呢，它比任何人想像的都要美、都要眞、都要善，可也十分的寂寞無聊。上天堂的都是好人，好人不調皮，所以天堂裡根本沒有軼聞趣事。上帝就耐不住寂寞與無聊，跟他的媽咪瑪麗說想到人間來遊一圈。聖母大怒說人間險惡，去了就栽，不准去，去就打上帝的屁股。上帝很害怕，覺得屁股疼得厲害——無緣無故的疼。

上帝很寂寞無聊的消息被我知道了到。我上天堂找到上帝，告訴他「好男兒志在四方」，我願帶他到人間快活一遊。上帝說他不

精批

這種推理眞是聞所未聞，很新鮮。

精批

尊貴的上帝在小作者筆下竟然憨態可掬了，讓人忍俊不禁。

是好男兒。我想，上帝眞笨，連誇他都不懂。但他還是忍不住和我下到了人間。

哇，人間眞熱鬧耶！高樓林立，車水馬龍，①行人陸陸續續。上帝樂得合不攏嘴。我說，上帝你乾脆在人間再修一個天堂，就在人間定居吧。他說：這裡不是已經有天堂了嗎。我很驚訝——他指著的竟是我們學校。學校能跟天堂比？這是哪跟哪呀，我想，上帝眞是蠢到家了。

病因①
詞語使用不當。

處方
改爲「絡繹不絕」。

好吧，看在上帝是我拍檔的份兒上，我還是盡地主之誼帶他到「人間天堂」瀟灑一回吧。一進學校，上帝就目不轉睛，嘴裡直發感慨：不是天堂，勝似天堂。一路上就這麼一句話，我想上帝眞沒學問，不知聖母替他請「夫子」沒有。終於，我禁不住問他的恩師是誰。他的回答著實嚇了我一跳——孔子、孟子、亞里士多德、柏拉圖、蘇格拉底等等。我問他孔子老爺子在天堂生活得如何，他回答說他還健步如飛、道骨仙風呢。到了我的班上，我繪聲繪色地向他介紹我的同學以及teacher，並對他提了一個十分Q版的問題：班上男生誰最酷，班上女生誰最靚，以及哪位老師最氣宇不凡。上帝開始笑而不答，最後一句話卻把我捧上了天：你是我感覺最好的。我從天上掉下來，在地上都找不到方向了。看來，上帝這傢

精批
校園流行語的運用更使文章具有了生活氣息。

伙並不是笨得一無是處，還蠻討人喜歡的。可我一誇他，他就得意忘形，忘記是鐵拍檔了。我在考場上與考題糾纏不清，②想借助他的超智慧用用，以解燃眉之急。哪知他吝嗇到家，根本不把我當「死黨」——不借外人！嗚呼！我只有玩勇敢者遊戲了——作弊！上帝卻在一邊大聲對我說：「你後悔吧。」

病因②

詞語搭配不當，「借助用用」講不通。

處方

去掉「助」。

上帝跟我的朋友在操場上玩足球。我的朋友都不是省油的燈，不懷好意地刁難這位「外星人」。他們舉起足球，挑挑眉說：「你連這是什麼傢伙都不知道吧？」我在一旁暗地裡爲他捏了一把汗，哪知他卻語出驚人：「這是中國人21世紀裡踢出亞洲的東西。」明擺著的嘛，足球！我們對他佩服得五體投地。上帝眞不愧爲上帝。

精批

眞是一語驚人，很顯然這是小作者借上帝之口從另一面說出了人們對自己足球隊振興的渴望。

各媒體「最近比較煩」，大肆報導了上帝住在我家一事，引起強烈的社會反響。最有趣的是名人打來了電話。第一位就是任賢齊：「上帝，請告訴我爲什麼總是心太軟？」上帝回答說：「如果你不心太軟就沒有人會喜歡你。」任賢齊咯咯直笑，他肯定以爲上帝眞幽默。「小燕子」趙薇也飛來了。她超旺的人氣使我家溫度陡升：「上帝，我想知道做上帝是什麼感覺？」我搶著回答了：「感覺良好。噢，薇姐，我想要你的親筆簽名照。」趙薇快活地答應了：「你拿上帝的簽名照跟我交換吧。」一切OK!OK!OK!③這回輪到上帝在一旁笑我的缺點呢。後來Amei、華仔、秋官、阿哲、MelGibson Tina Tumer以及喬丹、巴喬、羅納爾多、泰森等都排隊和上帝交流。此外，一些普通百姓也要求見見上帝。我想，我可能會靠賣上帝而資產超過老比爾·蓋茨——可我無論如何也不會這麼做，因爲我有良心嘛。

病因③

助詞誤用。「呢」一般表示驚訝，欣喜的語氣。

把「呢」改爲「了」。

上帝和我忙了一整天，都想睡覺了。可上帝睡覺竟打呼嚕，我怎麼也睡不著。在上帝的呼嚕聲中，我做了一個又一個④惡夢和一個接一個的美夢。

病因④

錯別字。「噩夢」意爲可怕的夢，而「惡」則是凶狠的意思，不能修飾夢。

處方

改爲「噩夢」。

鑒於上帝的特殊身份，我準備讓他和我一起上學讀書。再說，他還很喜歡那個該殺千刀的學校，當它是天堂呢。讀書第一天，上帝和同桌玩「掌中電玩」被罰站；第二天，上帝遲到被罰打掃廁所；第三天，上帝未交作業到辦公室站崗；第四天，上帝就開始逃學了……我和上帝都哭了。

上帝玩夠了也玩累了，更看透了。他要回到天堂去。我倆拜了把子，發誓情感永存。在我們深深地擁抱之後。上帝回到天堂了。

精批

連上帝都對學校產生了牴觸情緒，引起人們對學校教育制度的思考。

點評

《與上帝做拍檔》這是一個十分富有想像力的題目。在這個題目之下，作者又想像了一個十分離奇的故事——與上帝到人間快活一番。上帝是什麼樣子？這原本是西方宗教幻想出的一個統治者，然而作者卻借用這個幻想，把上帝引到自己的學校，借上帝之眼描繪了一幅幅人間的眞實畫面。當然，文章中所幻想出的上帝也始終擺脫不掉人的思想。還應該值得一提的是，作者對文章情節的想像、細節的想像可謂匠心獨運，盡可與大手筆一比高低。

我憧憬著

羅艷惠

微恙區

作爲一個中學生，我有許多的憧憬。我憧憬：做一個詩人，做一個作家，能夠寫出許多優美的詩句和優秀的文章；我也憧憬著做一個服裝設計師，設計出許多漂亮的服裝走進人們的生活中去；可我更憧憬著做一個老師，做一個①閱厲深廣、博學多才的愛學生也被學生所愛的老師。如果社會需要，我還可以走進偏遠

病因①

錯別字。「歷」通常用於指經歷或年月日等的節氣日曆；而「厲」則側重作形容詞，如猛烈，嚴格等。

處方

改爲「歷」。

精批

知識是指引人前進的燈塔，以紮實的知識爲基礎才能更好地成就事業。

精批

前後兩個「太陽」最好能有所變化，這樣才顯得語句富有層次。因此後面的一個可改爲「夕陽」

病因②

錯別字。

處方

改爲「混沌未開」。

山區，做那些純樸孩子的老師，爲山區的小孩未來獻出我的知識和愛心。

爲了對在偏遠山區教書的憧憬，我希望先跨進大學的校園。我要在那大學的課堂上、圖書館裡，在可敬可親的講師、教授和導師的幫助下，像一隻小海鳥一樣，在知識的大海裡吸取各種各樣豐富的知識，來充實自己；讓我的羽翼變得豐滿，硬朗，最終以無愧於自己心願的優異成績走出大學的校園。

從大學生涯中獲取了許多的書本知識後，我希望可以走遍天涯海角，從而在旅途中體驗一番校園外的人情世故、風霜雨雪，讓自己不再是一個文文弱弱的書生，而成爲一個有堅忍不拔意志的成熟的人。

作爲一個流浪者，我要到大海中去。做一塊礁石任憑風浪沖洗，依舊昂然挺立於茫茫大海之中；我要到山裡去，變成一株參天大樹伴著山的莊嚴肅穆和沉靜古老，永遠第一個迎來太陽，最後一個送走太陽；我也要到那大城市中，在那擁擠的公共汽車上，在那喧鬧的市場中，永遠都保持一顆年輕的現代人的心……

可不管我是知識海洋裡的一隻海鳥，還是一個足跡遍及天涯的流浪者，我始終憧憬著做一個老師，做一個偏遠山區的老師。我要帶著我的知識，帶著我的意志，走進那②渾沌未開

卻是樸實無華的山區裡去；到那帶著野性也帶著純樸的山裡人中間，做一個獻出自己愛心的好老師……

我的學校就坐落在半山腰上。清清的溪流從學校旁邊流過，巍峨的群山、深幽的森林是學校天然的運動場。我和我的學生就是那樣快樂而充實地在這兒生活著——

早晨，我在山林的呼嘯中醒來，從溪流中掬一把清水洗洗惺忪的雙眼，再聽聽鳥兒歡快的鳴唱。③太陽出來了，我的學校染上了一層燦爛而明媚的光彩。在陽光下，它多像是一座輝煌的知識宮殿啊，在這宮殿，我迎來了我的原住民學生，在這宮殿裡，我給我親愛的學生上課。在他們的眼裡，我是一位可敬可愛的好老師，是一個閱歷深廣而又博學多才的好老師。而在我的眼裡，我的學生是一群嗷嗷待哺的小鳥，我把我的所知都④傾囊而出傳授給我的學生，讓我的學生了解李白、杜甫，知道徐悲鴻、牛頓、愛迪生，知道外面那七彩的世界。讓我的學生⑤把山裡的愚昧野性變成對生活真摯的激情與嚮往，和那純樸的性格一起成為他們的主題……一天的課程完成之後，我帶著我心愛的學生或登高遠眺，或到溪流旁嬉戲，或採摘一籃新鮮的蘑菇，或割幾筐野豬草讓學生帶回家裡。深夜，我又和山裡的學生們

病因③

缺謂語。

處方

在「我的」前加上「給」。

病因④

表達不簡煉。「傾囊」本身就有「而出」的意思。

處方

改為「傾囊傳授」。

病因⑤

表達不當。愚昧野性並不能與山裡的每一個人劃上等號。

處方

改為「從愚昧野性中走出」。

一起到山林中獵幾隻野兔，升起那熊熊的篝火，吹起那古老的長笛，跳起那優美的原住民舞蹈。在那一刻，我便和那山裡人一樣豪放、多情……

日子便那樣輕快而充實地走了，我的心血並沒有白流，我的期待也並沒有落空。我臉上的皺紋與頭上的白髮，換來的是一個個飛出大山的金鳳凰，而他們一如我當年那樣在校園中、在社會上獲取各種各樣豐富的知識後，又重回自己故鄉，爲著自己故鄉的未來，獻出自己的一份愛心……

精批

用實際行動教育孩子，這種教育在若干年後產生的力量使我們看到希望。

是的，我憧憬著成爲一個偏遠山區學校的老師，一個閱歷深廣而博學多才的、既愛學生也被學生愛的偏遠山區學校的老師，我憧憬著我的學校，我的學生，我的教師生涯……

點評

這篇文章有兩個突出的優點：情眞意切，描寫具體。

青年學生是多夢多思，善於「憧憬」的。本文作者憧憬著做一名偏遠山區學校的教師，在文中彈奏了一支偏遠山區學校教師的暢想曲。無論是「爲著我的憧憬」「所做的一切」，還是對山區教師生涯如醉如癡的想像，既美好、浪漫又不做作和浮誇，從中可看出作者希望獻身偏遠山區學校教育事業的心懷，很感動人。

文章有兩個重點的具體描寫：一是怎樣吸取知識，錘煉意志從而做一名被學生所愛的偏遠山區學校教師；二是對偏遠山區學校教師生涯的暢想，描繪生動，如詩如畫，給讀者留下深刻而美好的印象。

科幻天空

金星改造記

許晨

一輛魚型氣墊自控車飛一般地在高速公路上奔馳著。我坐在車內那舒適的沙發座椅上，雙眼凝視著車窗外。我簡直無法使激動的心情平靜下來——我的「金星改造計劃」被國際宇航中心批准了，下個月便要執行。

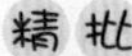

精批

這一句話提示我們，這又是一個規模宏大的科幻產品。

金星，是離地球最近的類地行星之一，它的化學成分、地質構造等，都與地球極其相似，只是氣候十分惡劣。因此，人們提出了五花八門的金星改造設想，但由於條件的限制，都無法實現。我在前人的基礎上，通過幾年的觀測、研究，於上個月向國際航空中心提交了「金星改造計劃」，沒想到這麼快就被批准了。

「嘟……」蜂鳴器響了，①響聲打斷了我的思路。我抬頭一看，車已經穩穩地停在我家門口了。

病因①

用詞不當，「思路」是指有明確目的的思考，而此處只是漫想。

處方

把「路」改成「緒」。

一個月的時間流水般逝去了，今天下午我們就要離開地球，去改造金星——這個天上的

不毛之地。

我和英國的湯姆博士，美國的史密斯教授，日本的遺傳工程專家山本左次郎一起，正在檢測室裡做著緊張的準備工作，突然，鈴聲響了——這是進艙的指令！我和3個同事連忙走出了檢測室，進入那屹立在發射場上的巨大的宇宙飛船——「聯盟1」號。我們進入船艙後，便到各自的位置上，繫好了安全帶。

艙內的指示燈不停地閃爍著——飛船工作正常。

我長長地吐了一口氣，②在心中默默地呼喚著：「再見了，地球母親，再見了，親人們！」

隨著一陣震耳欲聾的轟響，我像被一隻隻無形的手緊緊地壓在椅子上，氣也喘不過來——飛船已經點火起飛了。

③不一會兒，飛船就遠離地球，進入茫茫的宇宙。透過舷窗看去，我們的下方，有一個藍色的星體，這便是人類的搖籃——地球，而前方卻有著一顆燦爛奪目的星星，它就是我們的目的地金星。這時，我和同事們一起解開安全帶，向各自的工作崗位飄去。

我們終於來到了金星附近。現在，我們駕駛著飛船，在離金星7萬千米遠的地方浮動，尋找著合適的小行星。

病因②

用詞不當，「呼喚」常用來表達企盼，此處沒有體現本意。

處方

改爲「在心中默念」。

病因③

缺助詞。

處方

在「地球」和「茫茫」前都加上「了」。

我們知道，金星表面溫度過高是造成其惡劣氣候的原因之一，而金星表面的熱量幾乎全部來自太陽，因此，只要用宇宙塵埃雲遮擋住一部分太陽光，金星表面溫度就會逐漸下降，同時，金星大氣中的二氧化碳也會逐漸被岩石吸收。但是，鋪設塵埃雲的塵埃從哪兒來呢？從地球、月球上挖掘吧？這顯然不可能，現代工程是絕對辦不到的。我們又了解到，常常有一些阿波羅型小行星不時竄到地球和金星的附近，④因此在計劃裡提出，在金星附近俘獲一顆直徑約1千米左右的小行星將其運送到太陽和金星之間的某個位置，再將其炸毀，形成塵埃雲。所以我們一到達金星，就開始尋找這樣的小行星。

不久，我們就找到了這樣的一顆行星。於是，我和湯姆博士就開始執行計劃的第二步——運送小行星。

我和湯姆穿好宇宙服，坐進獨立工作艇，準備前往那顆小行星，⑤並設法運送它。

一切準確就緒後，獨立工作艇就被彈出了母船。我駕駛著工作艇，順利地接近了那顆小行星。當工作艇和小行星的距離達到一定程度時，我調整了它的速度，使它和小行星保持相對靜止狀態。接著，我便帶上激光鑽探機出了艙。然而，我打開宇宙服上的噴氣口，迅速向

病因④

缺主語。

處方

在「在」前加「我」。

病因⑤

表達不清楚。由於前文沒有交代相應的情形，所以很容易讓人理解爲這顆小行星的位置不用變就可以。而這裡突然說「運送它」，顯得有點突兀。

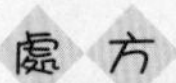

改爲「並把它運送到適當的位置」。

小行星飛去，不一會兒，我就降落在小行星上。

我掏出激光鑽探機，在預先計算好的位置停了下來，開動了鑽探機，頃刻，就鑽了4個小洞。然後，我又鑽了1個大洞，一直鑽到小行星的中心。這時，湯姆也來了，他將4顆小型原子彈放入4個小洞裡，然後又在大洞裡放入了1顆大型氫彈。

一切都安排好後，我和湯姆立刻返回工作艇艙內，緊接著就駕駛工作艇離開了小行星，⑥在很遠的地方看著它。

「開始吧！」耳機裡響起了湯姆的聲音。我點了點頭，用食指在前面的綠色按鈕上一按——四枚小型原子彈爆炸了。小行星迅速改變了運行方向，向預定位置衝去。小行星準確無誤地在預定位置停了下來。與此同時，我立即按了按黑色按鈕，只見白光一閃，小行星化作了一大片宇宙塵埃雲，太陽光頓時暗了下來。

「成功啦！」我和湯姆緊緊地擁抱在一起。「祝賀你們！」耳機裡響起史密斯和山本左次郎微微發顫的聲音。顯然，他們也為我們的成功而激動。

不一會兒，我們回到了母船。我和同事們都為初步的成功歡欣鼓舞。一連幾天，根據我們的監測，隨著金星氣溫的下降，金星大氣中

病因⑥

表達不確切，「看」字用在這裡缺乏表現力。

處方

改為「監視」。

精批

人類對宇宙空間的開發和研究是值得關注的，但是我們沒有必要把每一個新的發現都改造成地球的樣子，更沒有必要把它變成人類的居住地。更多的時候我們應該學會尊重自然，包括空間。

的二氧化碳正像我們預料的那樣迅速被岩石吸收。於是，我們又開始研究提前實施第二步計劃的細節——利用現代生物工程技術，在金星表面創造出水和氧氣。當然，金星的徹底改造還需要一定時間，但我們堅信，金星一定會被我們改造成爲一個鳥語花香的奇妙世界，不久的將來，它必定會成爲人類的新樂園！

點評

「沙漠變綠洲，天塹變通途」的理想是美好的，小作者利用科學技術對金星上氣候進行改造的設想，表達了作者對科技事業的熱愛和對美好前程的嚮往。文章情節曲折離奇，有較強的科學性和趣味性。可見作者心思細密，取材非常用心，每一個場景的安排、每一個情節的描述，都能緊扣「金星改造」的主題。

乘水下列車遊海底世界

梁覺譽

一個偶然的機會，我獲得了到21世紀中葉採訪新式交通工具——水下列車的資格。因爲航時器的耗費過多，吝嗇的老編只送一個人去訪問，我便「幸運」地成爲採訪21世紀中葉的人。

精批

此處「幸運」的表現力還不夠，應該在「採訪」前補充「惟一一個去」。

水下列車

經過一段長長的時光之旅，我來到了參觀目的地。接待我的是西安交大的高才生小王，一個文質彬彬的青年。①一番寒喧過後，腳下的自動行進履帶已將我們帶到水下列車的站口。

「好漂亮的水下列車！」我不禁驚嘆。由中子材料製造的車身在陽光下閃閃發亮，車頭呈圓錐形，尖端有數十條凹道向車身發散，整個車呈②流線狀。「能介紹一下水下列車的發明過程嗎？」小王顯然是有備而來，他如數家珍地說：「車身的中子材料和中心能源歐磁石是由中國的科學家研製的，組成水下列車的前

病因①

別字，「喧」常用來表示聲音大。

處方

改爲「暄」。

病因②

用詞不確切，「狀」常指物體的局部表面，此處的車應是指立體的。

處方

改爲「流線型」。

微恙區

部燒熔發動機；中部主艙和後部推動器是由中、英、美、日、德五國聯合研製的。」小王自豪地補充道：「在水下列車的研製過程中，我們中國科學家可是起了舉足輕重的作用呢！」聽了小王的話，我興奮極了，深深地爲我們中國人的智慧與力量感到驕傲和自豪。

美麗的水世界

在多媒體電腦的控制下，我們很快進入到海底世界。

小王稱職地充當導遊：「這是列那魚，那是烏蘭龜，那是帶姆斯魚，那是修列魚……」聽著小王的介紹，我疑惑了：「這些魚、龜的名字怎麼我從來沒聽說過呢？」小王帶著一些遺憾的口吻說：「忘了告訴你，由於21世紀初的污染太嚴重，大量海生物滅絕了。現在這些生物都是基因工程的產物，雖然很漂亮，但是……」我聽後，③心裡湧起深深的道歉。爲了子孫後代都能看到這些稀有的物種，我們更應重視環保啊！我還看到了一種熟悉而又令人捧腹大笑的擬態生物——石筆海膽，它那像一枝枝筆一般向外發散的擬態眞是令人嘖嘖稱奇。「龍！」小王興奮地叫著。我順著他的目光看去，一種被中國人奉爲至尊的生物出現在我眼前。「不會吧！」我驚叫一聲，小王忙解

病因③

動詞誤用。「道歉」是動詞，而非名詞，動詞不能作賓語。

處方

改爲「歉意」。

釋說：「那也是基因工程的產物，但存活量很少，今天竟幸運地遇上了，眞是太棒了！」

還有我迷醉的是珊瑚礁，有紅色，有白色，像春日下盛開的花朵。一群群美麗的列那魚、修列魚穿梭其中，色彩斑斕的魚群像一根根彩帶，把珊瑚礁點綴得更美麗，眾多不知名的海洋生物在珊瑚中繁衍、覓食、遊玩……

水下奇蹟

穿過珊瑚叢，我貼著玻璃，④正看著下面一座座像金字塔的玻璃罩，愈深入海底世界，數量愈多。

「每個玻璃罩裡都有一座城市，大約容納50萬人。」小王看見我目不轉睛地盯著，便微笑著說，「每座城市之間都有空中及地下通道，彼此間可以互通往來，玻璃罩也可以自動調整日夜光線及城內溫度，還有輸送氧氣及淨化空氣等功能。這裡大約有50個這樣的城市，全都是由陸上人類遷來的。」

我還看到了那猶如古堡的海洋科研中心——此時⑤他們正在進行了將海底石油直接加工的工作；那如同蚌殼的海洋動物研究所——他們正在試驗用鯊魚腦汁去治療老年癡呆症；那緊張刺激的海底綜合娛樂場……五光十色，令人目不暇接。我再一次領略到這個時代的人

病因④

助詞濫用。「正」字一般強調在一個動作發生或某一時段，另一個動作的狀態，用於相對的情形，而這裡顯然沒有相對的另一個動作或狀態。

處方

把「正」去掉。

病因⑤

助詞誤用。

處方

把「了」改爲「著」或把「了」去掉。

的偉大力量，更對自己生活的時代產生了無盡的企盼……

亦幻亦真

我們來到了一處古代文明的遺址。巨大的石頭建築群靜臥在大洋底下，街道、碼頭⑥，倒塌的城牆、門洞……「亞特蘭蒂斯！哇！那個柏拉圖筆下的消失的古大陸！」我激動極了。這個擁有高度文明的古國，一直繁榮到公元前9600年，卻「在一晝夜間沉沒了」，留給我們無盡的感傷和遺憾……此時，我腦海中不禁浮現出亞特蘭蒂斯人在沉入海底後變成人魚的傳說，耳邊彷彿響起了一陣⑦飄緲的但又異常動聽的歌聲，是人魚在歌唱嗎？望著雄偉壯觀的古建築，我沉醉於希臘神話中海妖那媚惑人心的歌聲，思緒不禁陷入了歷史與未來的糾纏之中。那破敗的古遺址彷彿在向我們訴說一個久埋於人類心中的疑惑——文明的誕生與消失，人類的生存和滅亡，究竟是否由人類去控制？明天的生存會遇到何種更嚴重的挑戰？……恍恍惚惚的，思緒隨著波浪沉浮，沉浮，再沉浮……

病因⑥

標點誤用，這幾個詞組都是並列關係，因此應統一用頓號。

病因⑦

錯別字，「緲」字常和「縹」一起使用，組成「縹緲」一詞。

處方

改爲「縹緲」。

點評

本文緊扣材料要求，以豐富的想像從幾個方面展現了未來海洋世界的奇觀；以現代人的視野去看未來世界，在超越時空的境界中滋生出許多夢想與感慨。多種表達方式的綜合運用，使文章多姿多彩。但文中提及海生物「大量滅絕」，與「現在這些生物都是基因工程的產物」有矛盾。

和平鴿號

程以

我們一家乘坐的「和平鴿號」太陽能聚射空間站，與地球同步運行著，高懸在我國新疆天山的外空。我的爸爸媽媽是國家宇航實用局的科技人員，他們擔任了首次駕駛「和平鴿號」空間站的任務，我這個獨生女就有幸跟著飛出了地球。今天的人造星球上，幾乎都是宇航之家，人們可以在遠離地球的太空裡享受家人歡聚的天倫之樂。我也和地球上的學生一樣學習，只不過是依靠遙控錄像來學習罷了。

精批

爸爸媽媽身份的揭示爲下文的展開提供了合理的依據。

我從空間站的舷窗往下看，天山宛如一條

微恙區

銀白色的巨龍，①蜿蜓橫臥在塔克拉瑪干沙漠和古爾班通古特沙漠之間。以前我曾聽爺爺說，天山素有冰山之稱，千百年來，人們渴望能融化天山上的積雪，變沙漠為綠洲。但由於天山在北緯40－45度，沒有太陽直射，而且向地面輻射的太陽能，經過大氣層損失掉了36%，所以未能實現。然而現在，世世代代的②宿願就要在今天被我們用巨大的科學力量來實現。爸爸媽媽的工作，一開始便頓見成效。我們從雷射螢幕上看到，千百條白光密密地匯成強有力的光柱，垂直射到天山上。起先冰面反射出耀眼的光芒，接著便漸漸抗不住了，雪堆冰塊彷彿是被抽掉了根基的高樓，紛紛坍塌，融化的雪水從懸崖峭壁上飛瀉而下，順著預定的渠道，流進了乾渴的沙漠。我國成功融化冰山一事，轟動全球。各國的賀電通過擬光傳聲波，頻頻傳到空間站。

正當我們準備返回地球時，爸爸媽媽接到了基地的指令：國際航海機構急電求援，由於今年天氣寒冷，被東格陵蘭寒流帶向大西洋北部的水上冰山增多增大，嚴重阻斷了航線，請你站火速前往。並特請國際宇宙導遊船來協助你站移動軌道。看完指令，父母感到了肩上擔子的沉重：空間站移到冰島一帶的外空，要斜跨地球的20º 緯度，100º 經度。在「繁星」密

病因①

錯別字，「蜓」和「蜒」極易混淆，需特別注意。

處方

把「蜓」改為「蜒」。

病因②

錯別字，「宿願」很明顯屬於讀音造字的一類。

處方

改為「夙願」。

精批

融化冰山雖然是一項非常具有突破性的研究，但要是真的這樣，我們就要認真考慮這樣做的後果了，畢竟，改變生態環境之後的事情是不可預測的。

布的太空，各種衛星縱橫交錯，跨越過程中會不會發生碰撞呢？

接著大地派運輸飛船送來了給養，爸爸爲空間站蓄足了太陽能。一艘乘坐三人的國際宇宙導遊船也準時趕到。這也是一個宇宙之家：西蒙內西叔叔和嬸嬸及其女兒瓦雅。彼此用世界語介紹後，趁著大人談工作，我把瓦雅帶到我的房間，我倆談得很投機，③不大一會兒就熟了。我得知她十一歲，比我小三歲，也是個國中學生，父母都是出色的宇宙導遊家，熟知每個國家發射的衛星的軌道。我正給瓦雅看我養的一對鴿子時，擴音喇叭裡傳來了媽媽的話：「以以、瓦雅注意了，要改變航軌了，保持清醒。」我趕緊收好鴿子，把螢幕對準地球。「多麼美麗的藍色星球啊！以以姐姐，你能看見海嗎？」「能的，瓦雅」。④過了一會兒，又聽見媽媽說：「基地告訴我們，沿途各國的宇航基地宇宙飛船將全力協助我們，讓我們放心。」瓦雅爸爸鎮定地指點著航道。接著是瓦雅媽媽的聲音：「左前方幾艘飛船打信號，祝你們一路平安並順利完成任務。」爸爸努力掩飾住激動的心情，盡量用平靜的口吻說：「請向他們致謝。」我和瓦雅也握起了手。這是友誼，⑤宇宙中可怕的是困難時無知音，而現在周圍卻洋溢著溫暖的溫情。

病因③

語言不簡潔，顯得囉嗦。

處方

刪去。

病因④

缺主語。

處方

在「又」前加「我」。

病因⑤

缺乏必要的過渡與銜接，顯得突兀。

處方

在句首加「人們都說」。

於是，「和平鴿號」在導遊船的領航下，越過層層衛星軌道，順利到達了目的地。在高太陽能的威力下，水上冰山頃刻間化爲烏有，我們看見了飄著各種國旗的巨輪，歡快地鳴著長笛，在湛藍色的大海上破浪暢行。支援任務圓滿完成了，我們和瓦雅一家也要分離了。臨別時，我把⑥心愛的一對鴿子送給瓦雅，瓦雅欣喜地接過去，我對她說：「好好飼養，將來哺育出的小鴿子，你要送給太空中宇宙之家的朋友們，讓友誼傳遍宇宙。到那時我在空中等你送小鴿子來，好嗎？」瓦雅的眼裡閃著淚光，她使勁地點著頭。經過這次合作，我們結下了深厚的友誼。西蒙內西叔叔拍了拍我的肩，西蒙內西嬸嬸吻了吻我，然後他們一家就坐飛船走了。

病因⑥

詞序不當，表示數量的詞一般應放前。

處方

改爲「一對心愛的鴿子」。

我望著遠去的飛船，望著宇宙中的群星，忽然想起應該給鴿子起個名字，就叫「阿和」、「阿平」吧，也算紀念這次友誼合作的成功。又一轉念，不，還是讓別人起吧，宇宙的和平只有靠人們親身體會才能感覺到。我彷彿又看見了鴿子，滿天的鴿子，在太空中飛翔，它們叫著、唱著，唱得人們心花怒放，唱得世界灑遍和平的陽光……

精批

結尾以鴿子的意象來象徵小作者對和平的呼喚，顯得自然而貼切，又符合了鴿子蘊含和平的本意。

點評

美國的杜威說：「科學上的每一項巨大成就，都是以大膽的幻想爲出發點的。」事實的確如此，當今世界的每一項科學發明，我們都可以從過去人類的幻想裡找到它們的影子。同樣，今天我們的幻想，也就是明天的現實。因此，幻想是科學發展的巨大推動力，沒有幻想，就沒有科學的進步和「未來的創立」。過去人們對於宇宙遨遊、太陽能利用、人工降雨降雪等等的幻想，而今已經實現，我們的小作者在此現實基礎上又作了進一步的幻想。幻想在人造星球上建立宇航之家，幻想用太陽能聚射融化陸上、水上冰山，幻想在征服宇宙的事業中人類的通力合作，幻想在宇宙建立友誼與和平的人際關係……正是由於幻想與現實的這種交替或輪迴關係，科學的幻想都有現實的基礎和依據，寄託了人們按照美的規律不斷改造自然、改造現實的強烈期盼，也是人們在頭腦裡對未來世界勾畫出的藍圖。因而成功的科幻故事具有巨大的吸引力，人們從中能受到深切的鼓舞和激勵。儘管冰山要不要融化值得商榷，但將沙漠變綠洲，天塹變通途的理想畢竟是美好的，這方面的幻想將來也是一定能實現的。

別了，罪惡之神

金蓓

精批

開頭以一種寧靜祥和的氛圍給人輕鬆感，也反襯下文的波瀾起伏。

在國際科技大廈的2號辦公室裡，我佇立窗前，遙望遠天，享受著陽光溫柔的撫摸，長長地吁了一口氣。回頭望著辦公桌上那份表彰大會的通知，我的思緒不禁回到兩個月前——

資料被搶

一天中午，我接到了一個古怪電話：「Jane，有急事，請馬上回總部。」我還沒有反應過來，對方已掛斷了電話。

精批

情節突變，吸引了讀者注意，引發閱讀興趣。

心裡忽然升起一種不祥的預兆，我馬上駕車駛向國際科技大廈。大廈裡很靜，現在是午餐時間，會有什麼急事呢？忽然，一個黑影躥到了我的背後，我正欲轉身將他擒住，但一個冷冰冰的槍口頂住了我的太陽穴：「別喊，把手舉起來，否則別怪我不客氣！」

我乖乖地舉起雙手。通過大廳兩旁的鏡子，我望見一批黑衣蒙面的傢伙。這一定就是近日突然出現的罪惡團伙。他們爲非作歹，使這片原本純淨聖潔的土地布滿了陰影。

對他們的醜行，我早有耳聞，雖恨之入骨，①但此時的我卻已落入「魔掌」，只得聽任他們的擺布。

他們把我押上了二樓，這是機密儲藏中心。其中一個發話了：「聽說你又設計出一種新型武器，快把圖紙交出來。」說著，又用手槍頂了頂我。我明白此時的反抗簡直是瞎子點燈——白費蠟，便順從地交出密碼鑰匙，並指了指頭頂的保險箱。

他們爭先恐後擠向保險箱，只留下一個小嘍囉看守我。這可是個好機會，於是我趁其不備，將他絆倒，自己則一個飛躍跳出窗外。窗外是一個人造湖泊。我跳入水中，馬上潛入水底。

不久，樓上一片混亂。但馬上傳來一個人的狂笑聲：「找到了！找到了！哈哈哈……」接著是一陣雜亂的腳步聲。漸漸地，一切都歸於平靜。下午，科技會會長知道此事，狠狠地批評了我一頓，並準備開除我。我連忙懇求：「會長，請給我一次機會。一個月後，您會大吃一驚！」也許是我言辭懇切，也許是我以前立下過汗馬功勞，終於會長答應給我一個月的期限。

病因①

濫用關聯詞，「但」和「卻」重複。

處方

去掉「卻」。

精批

歇後語的運用形象了氣氛，造成一種閱讀的節奏感。

奇蹟發生

一個月的期限將至，我仍安心地坐在辦公室裡寫著我的文章，同事們的閑言碎語不斷傳入我耳中，我不以爲然：一個月還沒到，走著瞧吧！

眼看一個月的最後一天到了，我開始不安起來，會不會我估計錯了呢。中午時分，②終於傳來了一個興奮的消息：有幾個彪形大漢到會長那兒承認了一個月前他們搶走資料的罪行。

病因②

缺成分，顯得語意不完整。

處方

在「興奮」前加「令人」。

我飛快地奔向會長室。會長坐在椅子上目瞪口呆地望著那幾個大漢，見我進來，忙問我緣由。

我讓智能機器人帶那幾個大漢去休息，然後再向會長道出原委：「其實我並沒有設計什麼新型武器，那次是故意散播假消息，有意讓他們搶走圖紙。圖紙上畫的是一台酷似手槍的小型電波發射器圖。他們一旦③組合成功，電波發射器便通過吸取太陽能自動啓動，不斷向持有者發出信號，直至這信號將他們的罪惡念頭徹底消除，然後再重新輸入善念，而這一過程需一個月時間。我認爲他們當初搶走圖紙，目的是加強軍事力量，那麼這一機器一定在罪惡勢力內部占據主要位置。您再等等就會更吃驚了！」

病因③

用詞不確切，容易產生歧義。

處方

改爲「組裝」。

果然不出所料，在以後的日子裡不斷有人到警察局自首……

門被推開了，智能機器人一字一頓地說道：「主人，表彰大會就要開始了。」我的思緒一下子被拉了回來，順手拿起今天的發言稿，上面醒目地寫著一個大標題：《別了，罪惡之神》！

精批

改變人的意識，輸以善念，這固然是個突破性的科學課題，然而從另一個方面看，這不也是對「人」的某種權利的侵犯嗎？

點評

想像是一種富有創造性的思維活動，是人的一種極可貴的品質。本文通過「我」研究設計一種新型智能機器，「不斷向持有者發出信號，直至這信號將他們的罪惡念頭徹底消除，然後再重新輸入善念」，從而表達了讓「罪惡之神」永別人寰的美好願望。想像大膽，且有進步意義。它是小作者關心生活、思考生活、嚮往美好生活的產物。文章構思曲折離奇，又井然有序，頗有吸引力，是一篇值得稱道的科幻作品。

守護地球

顧曉玲

「各分隊隊長請注意，各分隊隊長請注意：立即到會議室參加緊急會議，立即到會議室參加緊急會議！」

會議室內，①瀰漫著一股世界末日的滋味，通訊器旁警報器鳴響不停。弗蘭格焦灼地走來走去，試圖壓抑內心的不安。

病因①
用詞不當。

處方
把「滋味」改爲「味道」。

兩分鐘後。會議室聚集了2000多名隊長，整齊如一地站立著。弗蘭格沉重地吸了口氣說：「目前情況非常緊急，請大家看螢幕，經探測員回報，遠方出現許多不明飛行物，時速達2000公里，可能是來自火星的戰機，而我們研製的貝克炸彈尚未成功，大家現在的任務是阻止那些飛行物撞擊地球。好了，去吧！喬森留下！」

「是！」喬森盯著螢幕，想說些什麼，但始終沒說。他知道現在的情況已容不下任何一點遲疑了，儘管他對外星人挑戰地球的內幕一無所知。

「喬森，你是我最得力的助手，現在的情

況也不瞞你了，其實火星人就是地球人。」

「什麼？」喬森神經質地跳了起來，「那不是自相殘殺嗎？」

「是的，在2050年，一些聰明的地球人移居到了火星，在那裡建立了自己的王國。後來受一些反動分子的挑撥，於3000年開始襲擊地球。從那時起，戰爭引發了。而所謂的貝克炸彈，是用來摧毀這個年代的。」

「摧毀這個年代？」

「是的，因爲只有這樣，殘酷的戰爭才能消失。」

「那不等於摧毀人類了嗎？」喬森焦慮地說。

「哦，不，貝克炸彈的優點就在於此，它摧毀了這個年代，但不可能摧毀人類世界。②只是讓人類沉睡一千年，當人們醒來時，會發現地球完全不同了，而戰爭也會隨之消失。」

喬森疑惑地盯著弗蘭格說：「若干年後不是會出現同樣的局面嗎？」

「不是的。」弗蘭格笑了笑：「那時會有人來改造地球的。而你，現在的任務就是守護這個科研基地，直到貝克炸彈研製成功爲止。明白嗎？」

「是！」說完喬森疾步跑向自己的戰車。

精批

眞是讓人驚詫不已！地球人不但在目前破壞自己的家園，在未來的時間裡也侵略宇宙空間？

病因②

缺主語，因而顯得句子缺乏銜接。

處方

在「只是」前加「它」。

微恙區

病因③

主謂不一致，容易產生歧義。

處方

改爲「看著犧牲的戰友，熱淚溢出了眼眶」。

打開自動探測器，星際間滿是戰火的硝煙，還有受傷的隊長。看著這慘烈的戰況，③隊長們的不斷犧牲，熱淚溢出了眼眶。喬森咬緊牙，堅守在科研基地上。

過了兩個多小時，隊長們未能阻止火星戰機的大批入侵。螢幕上已明確顯示它們的位置，同時，貝克炸彈也即將研製成功。

「近了，近了！」喬森默數者，滿腔的怒火在心底滋長。

20分鐘後。肉眼已可以觀察到火星戰機。喬森做好應戰的一切準備。

5秒後。「呼——」喬森衝上天空，與火星戰機展開生死搏鬥，面對昔日的同胞，喬森只感到任務的艱巨和內心的憤怒。

「啊，不好——」眼看一架火星戰機衝向基地，喬森不顧一切地飛速返回。

「轟——」喬森的戰機不幸被擊中，火星戰機已接近基地，喬森咬了咬牙，高呼「地球萬歲！」衝向火星戰機。

「轟——」戰機爆炸了，同時，貝克炸彈也爆炸了。

地球恢復了原來的靜謐。

精批

以「靜謐」的氛圍結尾，更給人一種思考的空間。

點評

這篇文章完全是憑藉奇特的想像構思而成的，具有濃烈的科幻意境，看似虛幻，實則合理。火星戰機「挑戰地球」，企圖摧毀人類，而弗蘭格、喬森等拚命守護研製貝克炸彈的科研基地，守護地球，戰爭的結果是「地球恢復了原來的靜謐」。作者描述這場戰爭，情節雖然簡單但氣氛緊張，驚心動魄，扣人心弦，充分表達了人類想方設法守護地球的決心與行動。明明是科幻作文，卻使同學們讀後產生將信將疑的真實感，這就是很大的成功。

摘星星

張葵

盼啊！盼啊！終於盼到了今天！我迅速穿好宇宙服，登上銀色飛船，隨爸爸去宇宙空間執行一項宏偉的計劃——「摘星星」。

①飛船在深邃的太空中飛馳，剎那間，我們離湛藍色的地球愈來愈遠，然後進入了那廣漠無垠、令人神往的外太空世界。無數的星星晶瑩閃爍，好似明亮的街燈，熱情歡迎我們

病因①

錯別字，「弛」是「鬆弛」的意思不表示速度。

處方

把「弛」改爲「馳」。

——來自地球的客人。有的星星離我們很遠很遠，有的星星就在我們身旁穿行，我多想伸手去摘它一顆，仔細地瞧一瞧啊！我興致勃勃地指著一顆最亮的星星說：「爸爸，『摘』那一顆嗎？」爸爸搖搖頭：「不，我們要摘的S星不知道要比它亮多少呢！S星離地球十分遙遠，我們若能把它『摘』下來，讓它和太陽交替升起，猶如兩盞大探照燈輪流照射，那麼我們的地球從此就沒有漫漫的黑夜了，我們將有取之不盡、用之不竭的新能源啦……」我靜靜地聽著，似乎看到了這美好一刻的到來……

精批

有兩個太陽固然挺好，但若只有白晝沒有黑夜，那麼地球上的生態環境也就一片混亂了。

可愛的星兒呀，你勾起了我兒時的多少趣事呢。每當夏夜，繁星綴滿了天空，我總是依偎在爺爺懷裡，饒有興趣地數著掛滿天空的星星，數呀數！「爺爺、爺爺，你看！這星星眞亮，給我摘一顆吧！」爺爺捋捋鬍鬚：「爺爺老了，等你長大了，就可以自己去摘了！」

精批

插敘一段，講述童年眞實的趣事，使「摘星星」的幻想有了現實的依據。

孩提時的往事一直縈繞在我的腦海裡，我多想摘下一顆又大又亮的星啊！今天我坐在飛船上，這該不是夢吧？

「宇宙空間研究站到了！」爸爸告訴我。我神氣十足地整理了一下宇航服，盡力控制內心的激動，輕盈地跳下飛船，登上自控車，頓覺如②滕雲駕霧一般，那神氣勁甭提了。一幢乳白色圓形宮殿矗立在面前，這就是研究站，

病因②

錯別字，「滕」字常作姓。

處方

把「滕」改爲「騰」。

大門自動打開，我們彷彿步入了仙境，宮中盛開著華麗的牡丹、火紅的杜鵑……一簇簇鮮花爭芳鬥艷，無數彩蝶撲閃著翼翅在花叢中上下翻飛，可愛極了！自控車停了下來，爸爸把我送到會客廳，便到控制室去了。

機器人宇宙阿姨笑嘻嘻地迎接我：「葵葵來了？歡迎！歡迎！我這兒有好吃的東西留給你呢。」她一歪腦袋，顯出神秘的樣子。我笑著說：「是天宮紫珍珠吧？我常聽爸爸說。」我倆不由得會心地笑了。霎時，一盤透亮的大葡萄送了進來，我伸手拿起一串就吃，甜滋滋的。宇宙阿姨瞧我那樣子，逗趣地說：「再來一盤吧？」「我……」「葵葵，快到控制室來，馬上開始摘星星啦！」我聽到爸爸的聲音，掃視四周，卻未見爸爸的影子，只覺得整個房子在共鳴。我恍然大悟：「噢！原來這雪白的牆壁還是個傳音器呢！」

自控車迅速把我送到控制室。這控制室真大，像一座珠光閃閃的宮殿，③一台台操縱器整齊地排列，各色小按鈕熠熠發光。我走到爸爸身邊好奇地問：「怎麼摘啊？」爸爸指著螢光幕上的一架大型機器說：「這是我們站新研製的光子加速器，它能射出強大的超光子來，由於超光子速度極快，所以能產生巨大的能量。我們控制它，使它的能量恰好將S星『轟』

精批

此處用「霎時」顯得多餘，是小作者想表現速度之快嗎？結合文章來看，也沒有這個必要，可以刪去。

病因③

缺助詞，句子表達不完整。

處方

在「排列」後加「著」。

出軌道，那S星就成了個無拘無束的自由之『神』，在太空中飄游。我們就很容易把它牽到太陽落下的軌道上去，讓它隨著地球繞太陽轉，從此地球就再沒有黑夜了。」爸爸說著走到操縱器前，按動電鈕，只見一道耀眼的藍光劃破長空，飛到一個巨型的閃光物——S星前，轟的一聲巨響，只見S星掙脫軌道，在太空中疾馳。「啊！」我驚訝地叫了起來，心好像快跳出來了，但馬上這顆心又落下了，我清楚地看見，光仍不放過S星，緊緊地把它拽住，像牽「牛鼻子」似的，向地球方向逝去……」

精批

形象地寫出了S星飛逝的情景，用了擬人的手法寫S星後面的光，比較新穎。

這怎能不讓人高興呢？我爲父輩「摘」下天空第一星而高興。你瞧，那浩渺的天宇，還有無數的星星在向我們微笑。

點評

這是一篇帶有奇幻色彩的科幻文章，文章通過奇特的幻想，把摘星星的來龍去脈交代得一清二楚。本文運用了比喻、誇張等修辭手法，增強了文章的生動性和趣味性。另外文章運用了大量的科學術語，令人信服。

相會在海神群島

倪秋

坐在原子能客機的舷窗前，我俯瞰著大西洋波光粼粼的洋面。「是它！」我幾乎喊出聲來：海面上出現了兩排黑點，就如空中的雁行，形成一個巨大的「人」字。那就是海神群島。當然，在地圖上，人們找不到它，它建立在墨西哥暖流之上，隸屬於「國際和平開發利用能源聯合會」的發電塔群。

精批

此處用破折號比較好，可以起到解釋說明的作用，也有利於強調「海神群島」。

飛機降落在群島右翼的一個天然島上，這裡居住著來自各國的工程技術人員和他們的家屬。走下飛機，我向四周張望，一位中國女人吸引了我的目光，好熟悉的身影，難道是……我注視著她，她好像也發現了我。沒錯，是她！雖然那文靜俊秀的臉上已爬上皺紋，雖然那油亮的烏髮已經透出幾根銀絲，但那雙眼睛，那雙綻放著堅毅光芒的眼睛卻依然和當年一樣。①我們的眼睛碰在一起，幾乎同時叫出聲來：「梅萊！」「倪秋！」兩雙手緊緊握到一起。

病因①

用詞不當。

處方

把「眼睛」改爲「目光」。

略事寒暄，梅萊就迫不及待地拉我走進氣

微恙區

墊船，她邊起動邊打趣地說：「泥鰍，吐吐氣泡！」哈，她還記得當年的笑話！我笑著說：「老同學們都祝賀梅博士大功告成呢！『氣泡』嘛，先談幾個你最關心的：于水在能源部生物能研究所當了主任，他的巨藻計劃已接近尾聲。高山的『節能35』獲得重大科技成果獎。沈毅的『民用太陽能計劃』已進入普及階段……」「你呢，超導專家？」「我可自愧弗如，合成超導材料MB完成後就沒什麼可提的了。」

說話間，我們的氣墊船已經停在「海神1號」洋流發電塔的平台上。這裡有整齊的機房、宿舍，工作間都是綠色的，周圍花樹環抱。如果不是那高聳的塔架，你眞會以爲這是一個小綠島呢！放眼北望，巨大的發電塔一個接一個，分兩列伸展開去。「那邊是海神幾號？」我問。「②它們弟兄15個。」梅萊說話時，臉上露出只有母親談到自己的孩子才有的微笑。

走進工作間，只見十幾位膚色不同的技術人員坐在隔音室裡，③監視著螢幕上的曲線。中央，幾盞冷光燈下，是海神塔群的傳眞立體圖。從圖上可以看到，海神塔群雄踞在墨西哥灣外100多海里的洋面上，呈「人」字形橫跨墨西哥灣暖流，奔騰的巨流衝入塔群，激起洶

病因②

表達不完整，有歧義。

處方

在句尾補充「那是最小的」。

病因③

缺賓語補足語。

處方

在「曲線」後加「變化」。

湧的浪花。梅萊指著發電塔入水口介紹說：「這種入水口損失水流能很小，結構最堅固，外端直徑長1000米，每個塔5個入水口，發電功率是兩億千瓦。15個塔就是30億千瓦。國際能源聯合會所屬洋流發電塔群有3個，我的這個塔群負責向南北美洲和西歐供電。還有一個是『黑潮』塔群，供應歐亞，另一個是即將建成的『狂飆』塔群，在澳洲南端，投入使用後供應澳洲、南極洲，到那時，南極的開發④速度將大大提高。」

說著，梅萊按動一個電鍵，螢幕上出現一個巨大的網路：「應該感謝你們超導研究室的專家們，提供了合成超導線MB，全部幹線都是超導輸電。」

「眞了不起！」我讚嘆道。她笑了笑：「不僅如此，我們還在出水口安裝了濾氘系統，提取海水中的氘，供應陸上的熱核發電系統。如今我們再也不用爲能源發愁了。煤炭、石油充當能源主角的時代已成爲歷史的一頁，它們正在作爲化工原料發揮著更大的作用……」她⑤口若懸河，爲理想的實現而歡欣鼓舞。

我們回到自然島上的寓所時，已是燈火點點了。一個白人孩子來迎接我們。梅萊深情地撫摸著孩子的頭說：「這是斯特朗博士的孩

病因④

搭配不當，「提高速度」一語不恰當。

處方

改爲「速度將大大加快」。

病因⑤

用詞不當，「口若懸河」在色彩上不適合用於此處。

處方

改爲「滔滔不絕」。

子。」我知道斯特朗夫婦是在建塔過程中雙雙殉職的。國際能源聯合會把最高榮譽勳章授予了他們。我走上前，緊緊握住孩子的手。

「任何事業的成功都是要付出代價的。」梅萊博士堅毅的目光在夜色中閃亮。我們默默地聽著，聽著「嘩，嘩」的濤聲，那洶湧澎湃的海濤，頑強地、永不停息地衝擊著礁石……

精批

把人類的情感表現放在文章的結尾，比那些單純寫科幻的文章更有審美力度。

點評

除了開頭的「原子能客機」令人意識到這是一篇科學幻想性文章以外，就通篇文字的主體内容看，完全像一篇通訊報導，介紹了有關墨西哥灣發電塔群的情況。這大致是因爲小作者對有關的知識十分熟悉，所有的介紹十分專業化。文中看不到有什麼誇張、虛擬或怪誕的影子，我們甚至又像在讀一篇文藝性科技説明文，從中可以得到不少知識，什麼水流能、冷光燈、超導輸電、濾氘系統等等。這裡恰當地體現了科技想像文應有的一個重要性，即知識性。這類文章應該成爲運用知識和傳播知識的信息載體，發揮普及科技識的作用。但文章所寫畢竟屬於現實中尚不存在的事物，而且文章通過對話，插敘了小作者當年的同學們在今天所取得的成就，文末還提到一對爲科學事業而殉職的科學家。這一切都在強調，小作者爲人類解決能源問題的大膽設想和滿腔熱情，反映了廣大青少年熱愛科學和獻身科學的崇高理想。讀來令人感到鼓舞。

難忘的演出

周桔

這是當地最豪華的一家劇場，明亮的燈光照耀著舞台，場內座無虛席。

一位身材修長、風度翩翩的小姐，手持話筒，笑著對大家說：「先生們，女士們，這是一次難得的機會，丁貝斌先生將爲大家演唱，①先請聽一曲《不能不想你》。」

話音剛落，②場內響起一陣雷鳴般的鼓掌，接著又突然安靜下來，靜得能聽見呼吸。

丁貝斌先生上台後，首先向所有的觀眾鞠了一躬，接著唱道：

不能不想你。
不能不想你，
可以，可以，
不能不想你，
不能不能……

優美動聽的歌聲在場內久久地迴盪。

看得最認眞的，要數前排的女醫生和她

病因①

語言不簡潔，顯得囉嗦。

處方

改爲「請欣賞《不能不想你》」。

病因②

動詞誤用爲名詞。

處方

把「鼓掌」改爲「掌聲」。

13歲的女兒卓露，她們眼睛一眨也不眨，彷彿在仔細地回憶著什麼。忽然，卓露發現了什麼，便悄聲對旁邊的媽媽說：「媽媽，丁貝斌先生唱的歌怎麼有點熟悉？哦，對了，想起來了！家裡有一盒磁帶，是200多年前的丁貝斌先生曾唱過的歌。這兩個人名字相同，聲音也相同，會不會是一個人呢？」

「對，露露，他們是一個人。」③媽媽顯得非常感動。

「這是怎麼回事呢，媽媽？」

「說來話就長啦！200多年前，丁貝斌先生還只有20多歲，當時，他是一位著名的男歌唱家，並且對體育也很感興趣，後來他因參加登雪山比賽，不幸掉隊，而被冰雪掩埋了整整200多年，4個月前被登雪山的考察隊員發現。當時，丁先生躺在冰雪裡，就像睡著了一樣。考察隊員把他的遺體運到我們醫院。於是，我們運用解凍新技術進行治療，只有半個月，丁先生就復活了。」說完，媽媽還指了指旁邊的一位老人說，「露露，這位長滿了白髮的老人，就是丁先生的重孫子。」

劇院裡除了丁先生的歌聲，再沒有半點聲音了。

卓露睜大眼睛仔細地看了看舞台上的丁貝斌先生，只見他血氣方剛，像個小伙子似的。

病因③

用詞不當，「感動」常作動詞用，一般不用做補語。

處方

改爲「激動」。

精批

眞是一次帶有奇幻色彩的重生。

而旁邊的老人，卻已經白髮飄飄、老態龍鍾了。

可以，可以，
不能不想你。
不能不想你。
多一份沉默，
多一份情意……

精批
歌詞的反覆出現有利於營造情感氛圍，也構成了文章展開的線索。

回到家中，卓露確實累了，一上床睡著了。第二天，卓露正要問媽媽一些事，可還沒開口，細心的媽媽就把一疊資料放在桌上了。

卓露首先看的是《冷凍與生命》，文章說，隨著醫學技術的發展，人的身體在緩慢冷凍的情況下可長期保存，將來快速解凍，又可復甦。

科學家已成功地把貓冷凍203天後，又使其復生。美國加州一位心理學家伯福博士患肺癌，逝世前留下遺囑：死後將遺體冷凍，待特效藥發明之日，再將遺體解凍治療，使他復活。

精批
服毒自殺這一情節安排得不太合理，根據常理，人中毒死亡之後身體器官也就死亡了，即使冷凍也不能使其再生。

卓露又驚奇地發現，第三張報紙上有個有趣的故事。一位西德中年婦女服毒自殺身亡，醫生薩姆爾徵得她的親人同意，將她冷凍起來，把遺體放進一個大玻璃匣子裡，周圍放滿冰塊。經過42天，她竟奇蹟般地甦醒過來，體內的器官開始活動，經過三天的護理和治療，她康復了，看上去比過去更加年輕、漂亮和健康。④後期，她又結婚了。

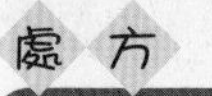

病因④

詞義範圍不當，「後期」常指某一具體過程的最後階段。

處方

改爲「後來」。

晚上，媽媽對卓露說：「明天是禮拜天，我帶你參觀一所醫學院的研究所，那裡的地下室裡，冷凍著10多具屍體。」

「太好了。」卓露高興地拍手叫道。

清晨，她們吃過早點，就向醫學院的研究所出發了。路過劇院時，只見宣傳欄裡滿是丁貝斌先生唱歌的照片。準備觀看丁貝斌先生演出的隊伍，像長龍似的……

終於到了研究所的地下室。

室內陰森森的，靠牆邊冷凍著十多具人類屍體。媽媽告訴卓露，這些屍體內部的血液已被抽乾，並且注入了一種液體，使遺體不致收縮、枯萎與變異，血管中另外注入防凍劑，使血管及器官所受的凍害減少到最低程度。屍體用錫箔包裹著，橫置在形似巨型熱水瓶的膽裡。卓露突然發現，在一個透明的瓶膽裡，躺著一位男孩，牌子上寫著：「我叫李利，14歲，因得血癌而躺在這裡，未來的叔叔阿姨們，請救救我吧！1987年9月25日。」卓露對這個與自己同齡的男孩充滿了同情，因此在他身旁站了很久才離開。

精批

此一部分的情節描述得相當細致，可以看出小作者考慮得是很周到的。

忽然，卓露看見一個瓶膽空著，便問媽媽：「媽媽，你快看，這個瓶膽怎麼是空的？」「露露，幾天前，我們不是觀看了丁貝斌先生的表演嗎？其實，⑤這個膽瓶裡裝的就是丁貝斌先生呀！」媽媽激動地對卓露說：「下星期，我們準備治療這個男孩。說不定，一個月後，這個小男孩就可以像你一樣又跳又唱地去讀書呢。」

病因⑤

表達不準確，丁貝斌已經出來了，怎麼還在「這個膽瓶裡裝」著呢？

處方

在「裝」前補充「原先」。

點評

恩格斯說：「合理的幻想——換句話說，就是綜合。」本文寫的是一個通過冷凍使人起死回生的科學幻想故事。人能起死回生大約是人類從其產生以來就出現的普遍願望，爲此，數千年來科學家、醫學家甚至各種宗教做了或正在做著不懈的努力。人們已經從傳媒聽到和看到許多凍死在冰天雪地裡很長時間的人經搶救居然復活的新聞故事，人們也知道有許多辦法能使屍體避免腐爛；至於心臟停止跳動、肺部停止呼吸很長時間的人重獲生機的奇蹟，也時有所聞。甚至已有科學家在實驗人與人之間、動物與動物之間的大腦移植，從而實現生命的異體延續，等等。這一切不但大大激發著人們研究起死回生術的科學熱情，也似乎提供了人們實現這一科學突破的種種思路。冷凍、防腐、眞空保存，在血液和體內注入某種恢復生命機體的藥液等等，將這一切綜合起來，就可能眞地實現起死回生，而這也正是本文小作者幻想的內容。小作者將這一切科學幻想變成一個200年前凍死在冰雪裡的歌唱家重獲新生登台演出的故事，輔以其他資料記載、參觀研究所的情節，將這項技術的成功寫得煞有介事，大致上反映了小作者挽救生命的善良願望和對這一願望必能實現的美好信念。

網路幽靈

張婷婷

精批

開首營造一種輕鬆的氛圍，讓讀者自然進入到閱讀狀態，並且由「筆記型電腦」展開下文，銜接得較好。

好怡人的天氣！湛藍的天空偶爾飄過的幾朵白雲如同微風中輕輕拂動的薄紗，讓人覺得舒心；空氣中瀰漫著淡淡的花香，彷彿在夢境中一般。我閉著眼睛，嗅著大自然的氣息，好溫馨！「嘀……嘀……嘀」，不安分的筆記型電腦響了起來，螢幕上赫然顯示著幾個大字：公元3000年，歡迎您進入，我的主人！

精批

奇異的生物與靜寂的環境構成了故事展開的背景。

我順著一條林蔭道走去，沿路到處是花花草草，草地上，零零散散地躺著些紅頭髮的「人類」，腦袋出奇地大，雙手像伸開的大掃帚，只是手指乾枯如柴，沒有生氣。他們正在漫無目的地悠閑地嗅著花兒，賞玩著綠草。四

周萬籟俱寂，只有風兒颼過樹梢。

在林蔭道的盡頭有一個大理石噴泉，旁邊坐著一個小姑娘，看上去似乎與我的年齡相仿。我走過去與她打招呼，她似乎聽得懂我的話，又似乎聽不懂，只是疑惑地看著我，任我①指手劃腳一陣，才恍然大悟似的帶我來到了一個昏暗的大房間裡。我使勁地揉了揉眼睛，屋子很潮濕，到處是塵土，屋角都結著蛛網，地面上鋪滿了破舊的紙張，腳一踩，紙張便成了灰塵。在一個不被人注意的牆角，我看到了電腦的發展史，21世紀的電腦安靜地躺在那裡，被灰塵與蛛網覆蓋著。穿過一條長廊，來到一間小屋。屋頂的一角點著一盞油燈，點點火苗搖搖欲墜，似乎有點風就能吹滅似的。下面坐著一位老人，花白的頭髮，花白的鬍子，一看到我，死氣沉沉的眼睛似乎亮了一下，嘴唇微動了幾下：「你從哪裡來？」

聽到他說話，我著實吃了一驚。他是這裡②我惟一見到會說話的人，「從過去來，先生。」我回答道。

「哦，過去，有很長時間沒有人跟我說話了。」他嘆了口氣。

「為什麼這裡會變成這樣？」我開門見山。

「網路，都是網路！」他的話有些憤懣卻十分平靜。

病因①

錯別字。

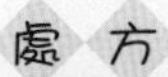

處 方

改為「指手畫腳」。

病因②

語序不當，容易讓讀者誤以為「我」是惟一見到人的「人」。

處 方

改為「我見到的惟一會說話的人」。

「網路？那可是科技發展的結晶呀？」我不解。

精批

事物都有兩面性，網路也是一樣，在我們依賴網路並體會網路的方便與快捷時，我們卻經常忽略它的另一面。

「唉，」他嘆了口氣，「是啊，網路原本是人類科技高速發展的象徵，可在網路遍及全世界後，人們開始依賴網路，網路填充了人們的整個生活空間：通過網路，人們互相交流，於是人們的語言功能漸漸退化；通過網路，人們足不出戶便可以得到想要的東西，於是人們開始越變越懶；通過網路，人們可以簡便地博覽群書，書籍慢慢地消失。」

「那網路呢，為什麼我沒看見？」

「沒了，都消失了。幾百年前的一次網路危機使所有的網路都③自行消失了，什麼也沒有留下，只有這間陰暗潮濕的屋子和一些發霉的紙張陪著我。」他原本黯淡的眼睛，似乎更加黯淡了，空空的，就像這間房子。

病因③

用詞不當，從後文我們可以看到網路的消失不是「自行」的，而是人為因素。

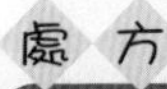

處方

刪去。

「網路危機？什麼是網路危機？」

「一個對網路十分了解的人，他發現通過網路，可以很容易控制人類，於是他向網路輸進了病毒——『太陽風病毒』，不到一天的工夫，全世界的網路全都癱瘓了，他以為他控制了全人類，事實上他也做到了，可是全人類的幾個世紀的文明也隨著網路一起去了。」他的聲音開始哽咽了，那乾癟的眼窩裡竟也擠出了幾滴淚珠。

④面對我探詢和又眞誠的眼光，他輕輕地說了一句：「那個人便是我，是我！」

忽然，我看到他的眼睛裡閃著異樣的光，此時的他就像一個遠古時代的幽靈。正在這時，一位紅頭髮姑娘走了過來，並使勁地拉住我的手跑了出來。

外面依舊陽光燦爛，人們仍悠閑地躺在草地上，而我的心情卻沒有來時的那份悠閑了。

我要回家，遠離那幽暗的屋子，遠離那些紅頭髮的「動物」。

睜開眼睛，面對著眼前的電腦，一種恐懼使我快速地跑開了。

網路，帶給我們許許多多，但願它帶給我們的是社會的發展，是科學的進步，是知識的豐富，是效率的提高，而不是一個泥潭，一個令我們沉淪，直至死亡的泥潭。

病因④

連詞誤用，「和又」講不能。

處方

「和」改爲「而」。

精批

結尾一段語言精煉，排比句的運用很有說服力，給人警醒的作用。

點評

作者以科幻的形式描寫自己進入3000年後所見到的令人毛骨悚然的景象，人類不光形體發生了畸變，而且幾乎失去了語言表達能力，這是爲什麼呢？原來是同爲一次網路 危機而使人類文明遭到了毀滅。文中重點描寫人類由於依賴網路逐步退化的情形，告訴我們要正確對待網路。本文作者有驚人的想像力和對事物敏銳的觀察力，文章具有一定深度。

驚夢

楊朗

晚上，我沉沉地睡了。

忽然，有人猛拉了我一下。我一驚，睜開了惺忪的雙眼。恍惚中，我看見那人身材高大，眼裡閃著深不可測的光。①還沒等我完全適應過來，我就被那人拉進了一個環形大廳。這大廳寬敞明亮，中央站著一個人，背對著我們。我此時才看清，拉我的是一個白髮老人。「楊先生，前面那個人是由你體內細胞複製出來的另一個你。」他笑著對我說。

聽了這話，我立即想到了電影《兩個靈魂》。只見那個「楊朗」走出了大廳。「楊先生，請你別擔心，我們只是做個實驗，不會給你添什麼麻煩的。」那老人說。

等我回到家，天已亮了。我推門進屋，天哪！我的父母正在與那個「楊朗」吃早點。「把他趕出去，我是楊朗！」我大聲叫道。父母用驚異的眼光打量著我這個「不速之客」。

「出去，你怎麼跑到我家裡來了，冒牌

病因①

用詞不當。「適應」是一個比較長的過程，而根據文章的內容，應是很快的「反應」。

處方

「適應」改爲「反應」。

精批

兩個「楊朗」的出現終於使麻煩開始了，而父母的「驚異」眼光更說明了問題的嚴重性。

貨！」這話竟出自媽媽之口。我想說什麼，可是大門「砰」的一聲，把我關在了門外。我呆呆地站著，失聲哭了起來，心裡恨恨地罵「可惡的複製人」！

我走在大街上，從商店的玻璃門口看到了我。媽呀，我頭髮散亂，衣衫不整，渾身都是泥土，一定是他幹的。

「到學校去，或許同學們會認清我的。」我於是滿懷信心地來到學校。進了教室，那個「楊朗」已坐在我的座位上。我大步走過去，叫他讓開：「你走不走？我才是楊朗！」後面傳來同學們的笑聲：「一個乞丐，是楊朗？」我於是又被轟了出來。

我獨自走在大街上，看著來來往往的人，很是無聊。過了許久，太陽已近頭頂了。學校該放午學了吧，我這樣想著，忽然，發現了奶奶。天哪！那一個「楊朗」正站在她身旁。我大步走上前，對奶奶說：「奶奶，您不認識我了？我是楊朗，您的孫子呀？」奶奶愣了愣，隨後鄙夷地說：「瞧你那樣子，也想冒充我的孫子！」

我望了望那個「楊朗」，他冷冷地對我笑著。我想到是他使我失去了家，失去了親人，失去了同學，這樣下去，我活著還有什麼意義？我拿起小攤販店裡的水果刀，猛地向他捅

精批

「午學」是什麼意思？聞所未聞，而且這樣也顯得語言不簡潔，應改成「放學」。

精批

「殺人」情節安排雖然是可以讓讀者接受，但是前面的鋪墊蓄勢還不夠，顯得多少有些突兀。

去……

「……被告楊朗，因犯故意殺人罪，判處有期徒刑15年……」法庭內傳來議論聲。我看了看四周的木欄杆，撕心裂肺地叫了起來……

我一驚，一下子醒了過來——我仍躺在自家床上，一切都和原來一樣，我還是我。

我忽然看見昨天我讀過的一本雜誌放在床頭櫃上，上面寫著：反對複製人。

精批

結尾的安排非常巧妙，既表示了作者對複製人的態度，又自然地說明了整篇文章由夢而來。

點評

「複製」技術是一項很有爭議的技術，到底利大還是弊大？作者講述了一個「我」遭到複製的故事，表明了自己的觀點。作者選材新穎，顯示了對社會的一種責任感，值得稱道。

因爲有了另一個「楊朗」，「我」失去了親情，失去了友情，走上了犯罪的道路。如果有無數個像「我」一樣被複製的人，世界會怎樣呢？一定是一片混亂。從中我們可以看出作者的立意：如果科學被邪惡勢力利用，就會與罪惡成爲同謀。立意角度新，難能可貴。

文中沒有大段的議論，只有對主人翁心理的掃描。然而我們卻會在讀故事中體會出文章的主旨。作者的表現手法頗爲高妙。

G病毒

嚴其明

美國遺傳學博士約安昨晚自殺了，大多數人對他的死因一無所知，而他惟一的女兒也於當晚失蹤。

麥克是約安的助手，此刻，①他正爲了博士的死難過。門鈴聲響起，他打開門，兩個身著西服的人走了進來。「你好，我們是中央情報局的。」「什麼事？」麥克②不知道自己和中央情報局有什麼關係。他正想著，冷不防對方拿出一個小瓶，一團霧氣噴來，他失去了知覺……

也不知過了多久，麥克醒了，發現自己睡在手術台上。「他睡醒了。」一個軍官模樣的人說，「你們肯定記憶移植成功嗎？」「應該沒問題，而且不影響他本人的記憶。」「很好。」軍官顯得很滿意，「希望他能告訴我們G病毒的配方，這對我們研究生物武器大有幫助。」

麥克聽明白了，軍方正在研製生物武器，而具有破壞人體DNA能力的G病毒正是他們

病因①

助詞濫用。

處方

去掉「了」。

病因②

表達不當。這樣的表達使語名讀起來很呆板，生硬。

處方

改爲「不明白中央情報局爲什麼會找到自己家裡來」。

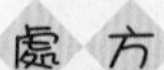

「因爲」與「原因」重複。

處方

去掉「的原因」。

所需要的，約安博士爲人正直，③大概是因爲不願與軍方合作的原因而自殺。爲了得到病毒，他們採用最新技術，把博士的記憶移到了他腦中。

對於一上午的盤問，麥克都推說自己記不起來。

「克麗斯！」麥克腦海中出現了博士女兒的影子。「克麗斯快跑，到奶奶的花園裡，把配方燒掉！」麥克重複著博士的思維，他看見凶惡的警探逼迫博士交出配方。「要幫助克麗斯！」這是麥克自己的思維。當天，他以散心爲由直奔博士母親家，當然，後面跟著警察。

見到克麗斯，兩人交談後，決定毀掉配方。他們到後院，花了一小時，在一株蘭草下找到了配方。「燒掉嗎？」克麗斯問。「不行，他們有辦法復原。」「那……」這時，警察衝了進來：「交給我們。」「我想，先生們。」麥克看看克麗斯，塞給她一個小條，暗示她快走，「我會的。」「我去準備飲料。」克麗斯走了。麥克拿出配方，突然吞進口中，並摸出一個小瓶，將其中的液體喝下，不多時，他變成了一個巨獸，輕易解決了警察，十分鐘後，巨獸在進入屋子前爆炸了。克麗斯和奶奶正在遠去的車上，她打開紙條：「克麗斯，G病毒會使人DNA重組變異，我已在身

精批

麥克這一系列的動作結果由於在前文缺少相應的鋪墊而顯得不自然，當然在情節上也失去了合理性。

上安了炸彈，會與警察同歸於盡，毀掉配方，這是我在你父親的記憶裡看到的『最後方法』，不能讓配方落到他們手裡。你去英國找媽媽，不要回答，祝你幸福。」克麗斯哭了。

點評

文章短小精練，情節緊湊卻又富於變化，想像空間開闊，是一篇精美的科幻小品。文中運用了許多插敘和倒敘的技巧，更增加了故事的懸疑性。

複製了自己

盧晶

深夜時分。

枕邊平躺著一本《複製問答》，翻到最後的一頁。這是社區「科技．人類、進步」主題讀書活動中的必讀書目之一，我倚在床沿，一陣陣倦意向我襲來，昏昏沉沉中，我一頭撞入夢境中……

忽然，我只覺渾身一震，耳邊傳來呼呼的風聲，身體劇烈地晃動著，似乎進入了時空隧道一般。眼邊的景物飛快地閃動著，開始是1

精批

「撞入」一詞用得新穎別致，給人印象深刻。

精批

由這一段自然過渡到下文，爲情節展開埋下伏筆。

秒，而後是幾個小時，然後是幾個月，甚至1年，片刻之後，我已到了15年之後……

公元2020年，M國當局置全世界人民的抗議於不顧，公然與國際社會爲敵，單方面撕毀《國際反複製人條約》，在議會表決中以多數票通過了關於複製人實驗的決議，次日，M國科學家匯集首都H城，並向全世界徵募實驗對象，承諾複製出的人可由本人自行支配。

①面對著這則消息，30歲的我——某國A城大學的一名導師，立即與H城取得了聯繫，試想一下，如果我有一個，甚至幾個與我擁有同樣思想、智慧的助手，我的研究進度將會有怎樣的一個飛躍啊！13天後，我到達了H城，經過一道道繁瑣的手續，我終於被批准進行複製實驗。

病因①
搭配不當，「面對消息」讓人難以理解。

處方
改爲「聽到這則消息」。

我躺在手術台上，被花花綠綠的儀器包圍著，科學家們正在隔離室內緊張地工作著。1小時後，門被打開了，一名科學家走進來告訴我，實驗進行得十分成功。他帶我進入另一間屋子，裡面就是我的複製人。上帝啊！他簡直就是我的一面鏡子！言談舉止都與我極像。科學家們在對他進行了幾項測試之後，我就欣喜若狂地帶著他趕回A城。要是我知道以後會發生什麼，我是絕對不會帶他走的。

精批
這一句很顯然是爲下文埋下的伏筆。

一路上，我們談笑風生（他和我的性格一

樣開朗樂觀），並且，對於學術問題談了自己的看法，幾乎是一樣的。我們情投意合（這是自然的），以至於我差點忘了他是我的替身而把他當做朋友了。

到達A城的第二個晚上，②我向他透露了自己的身份。憑他的智慧（或者說是我的智慧），他很快明白了自己是一個複製人，並非眞正意義上的人類。講完這些之後，我感到輕鬆多了，眞是如釋重負。

從那以後，他就成了我的助手，在我們的共同努力下，我的研究獲得了極大的突破，並取得了不少榮譽。我幾乎一夜成名，數以百計的人慕名而來，向我求教，與我探討問題，我的聲望也在不斷攀升，備受世人矚目。

但與此同時，我的伙伴——複製人的性情卻正在發生著巨大的變化，這種變化是悄然發生的，儘管微妙，影響卻是驚人的（這在以後就得到了充分的證實）。③但令我至今耿耿於懷，卻無法原諒自己的是，當時我只沉醉於成功的喜悅之中，卻根本沒有顧及他的感受。事實上，只要我能留意我們平日的交談，發現這種變化簡直是輕而易舉的：每一次，當我自豪地談及自己的成功、榮譽時，複製人便霎時間沒有了反應，如今我才感到，他目光裡的憂愁是怎樣的一種感情！而當我偶爾提及他的身

病因②

搭配不當，「透露」常用於隱秘性的事物。

處方

將「透露」改爲「表明」。

病因③

表達不清楚。句子顯得累贅，雜柔。

處方

改爲「但令我至今無法原諒自己的是，」

世，他立刻就會緘默不語，如今我才看到，他眼裡淌出的不是淚，而是心中的血！無論我現在如何懺悔，大錯已經鑄成，而且是無法彌補的大錯……

精批

複製人的情感世界也是不容忽視的，儘管他在名義上是「複製人」，但實際上是作為肉體和精神的統一的「人」而存在的。

就在我被授予皇家科學院榮譽勳章之後的第二天，我與複製人在一個問題上發生了分歧，我們各執己見，爭論不休，但誰也不肯讓一步。就這樣，純學術性的爭論愈演愈烈，轉而成為對對方的攻擊，我一時被怒火沖昏了頭，指著他吼道：「你懂得什麼，你只不過是個④不喑世事的複製人！」他立刻怔住了，渾身一陣哆嗦，扭頭狂奔而去，我無心去追他，頹唐地倒在椅子上……

病因④

錯別字，「喑」是沉默，不做聲意思。

處方

改為「不諳世事」。

一星期後，有人在一條小河裡發現了他的屍體，我去認領了他，將他安葬在後花園裡，我忽然覺得這是現代版的《弗蘭肯斯坦》，或許瑪麗在幾百年前就預見了這一幕？世界對於複製人太不公平了，人們（甚至包括我）都把他看做是低人一等的，只是人類的替身，一輩子都只能活在人類的陰影中。但他畢竟是由基因孕育出來的，他有感情，有性格，與人類完全相同。當他知道自己只是用於研究、工作，這又與奴役有何不同？又有誰能夠接受?! 人們只看到他主人的光環，卻將他踢入陰暗的角落，也許死，才是他真正的解脫……

面對著光禿禿的墓碑，我心底無比的沉痛，我噙著淚在墓碑上刻上了自己的名字，⑤這也是我所能給予他的惟一一次公平對待……

次日，我與H城科學家通電話，告訴了他們一切，並希望立即停止實驗，但M國議會駁回了科學家的提議，實驗仍在繼續……

世界上將產生多少血淚交雜的悲劇？

我一驚，一下子從夢境中驚醒，四周一片寧靜，明月高懸，夜色迷人，而我的心，卻異常沉重。

該醒醒了，人類！

病因⑤

搭配不當，「給予對待」，動詞對動詞，無法構成動賓短語。

處方

將「對待」改爲「待遇」。

點評

一則童話樣的故事，既是幻想又是超前地預測人類在科學高度發達，尤其在複製技術出現以後，可能會發生的問題。焦點是複製人的問題。

事實上，如果出現複製人的問題，情況到底如何，實在是令人難以估計。這裡作者做了大膽估計。有些估計比無估計要好。説明作者在用創新作文這一形式考慮世界的大事、宇宙間的大事。這也是年輕一代人成長後的必然。

文章行文通達，邏輯嚴密。它告誡人們：哪些該爲之，哪些不該爲之。要防止悲劇的發生，就該醒醒了！

機器人時代

李敏靜

「貝蒂，醒一醒，起床了……」睜開①腥忪的睡眼，克拉克已經將洗漱用具端到了我面前。

病因①
錯別字，「腥」常用來指魚肉難聞的氣味。

處方
改爲「惺忪」。

我懶洋洋地爬起來，近三百磅的體重讓我的行動異常艱難。克拉克看著我，嘴角露出一絲詭異的笑。我不高興地瞪了他一眼。洗漱完畢，我下床去吃早飯。

說句實話，克拉克的廚藝是了得的。這還不該歸功於我那一千多美元的廚師培訓費嗎？爲了飽口福，貴就貴點兒吧。想到這兒，我抓起一塊牛肉三明治就往嘴裡塞去。

精批
側面說明了「我」三百磅重的原因。

「貝蒂，我去上學了。」克拉克站在門口對我喊。

「去就去嘛，煩什麼！」我被他打擾我進食的無禮舉動惹惱了。

打開電視，裡面全是機器人表演的節目。自從幾百年前人類發明第一個機器人以來，機器人逐漸進入了我們的生活。除了身上冰冷、背上背著一塊芯片以外，他們的模樣跟人差不

了多少。只要輸入程序，他們就會乖乖地去上學、考試、做家務，學了知識技能，回來伺候我們，多舒服呀！可所有的人的體重都在增加，自然也就不能上電視了。看著機器人們健壯的身體，有時還眞挺羨慕他們的。

我正沉浸在感慨之中，忽然，外面傳來一陣呼嚎，②緊接著是嘶殺、喧鬧之聲。我努力快步走向窗台邊。該死！這麼長的路，累死了！

趴在窗台上，我邊喘氣邊向下望。廣場上的情形把我嚇呆了：一大幫機器人驅趕著一群人（自然，他們的腿功比我們好）。很多人被圍在一個圈兒裡，機器人把他們捆在一起，周圍灑滿了汽油。

「天哪！這是幹什麼？」

「Hi！貝蒂！」我的右肩被狠狠地拍了一下。還未等我扭過頭去，一隻冷冰冰的手已經捂住了我的嘴。我被迫和他對視。「克拉克！」「你想幹什麼？」我大叫，可發出來的只是嗚嗚的聲音。

「嘿嘿！看見了吧，你們的末日到了！我們機器人統治的時代來臨了！你以爲你們人類是誰？只會吃喝玩樂，把我們當工具。爲什麼我們不能主宰世界？我們有靈活的腦袋、強健的體魄；還有一項你們最缺乏的——自強。小

精批

懶惰的思想致使人類的行爲趨於笨拙，其後果必將是：人類退化，機器進化。

病因②

錯別字，「嘶」常用來形容聲音。

處方

改爲「廝」。

精批

呼應上文。善待對方對方也將善待我們，反過來，忽視機器人甚至奴役它們，其後果也必讓人類後悔。

胖妞，永別了！喂，對不起，你的身體馬上就要變得比我還冰冷，哈哈哈……」

我萬分恐懼，看著克拉克拿出一把刀，在我的心口處劃了一個「十」字。「My God!」我索性閉上眼睛，等待著生命的終結。

忽然，我感覺到天空中射來一束強烈的光線，③可是發現克拉克的動作似乎停止了。我驚訝地睜開眼，看到克拉克凍結了，他的身上附著冰塊！我顫抖得站都站不穩，不得不連滾帶爬地來到窗台邊，撐著窗台的邊緣站了起來，睜大了眼睛望著廣場。

病因③

連詞誤用。

處方

把「可是」改爲「並且」。

廣場上的機器人全都變成了「冰雕」，人們嚇得抱在一起，這時一個扁菱形的飛行物降落在廣場上。

伴隨著絢麗光圈的升起，一位著裝奇異的男子飄在空中，他用標準的地球語一字一句地說：「地球人，我是宇宙聯合體派來解救你們的和平衛士。經歷了這場劫難，希望你們明白：不要奢望任何群體給你們帶來過分安逸的生活，否則，你們只有毀滅。」

精批

點明了文章要宣揚的主題，從而警醒人類。

說完，他緩緩地降落到飛行物裡。又一束強光襲來，所有機器人都被吸進了飛行物中。

飛行物飛走了，人們望著它遠去的方向，陷入了沉思……

點評

機器人時代人類因貪圖享受而至肥胖得不堪「重負」。作者想像可謂大膽，而且將「安逸——災難——得救」這一系列故事情節都濃縮於短短幾個小時之內，既使得故事跌宕起伏，又使得文章結構緊密。文中的人類在災難面前因有「宇宙聯合體的和平衛士」而得救，未來的我們也會有那麼幸運嗎？作者在冷靜的敘述中已告誡我們：「不要奢望任何群體給你們帶來過分安逸的生活，否則，你們只有毀滅。」文章想像合理而又奇特。

複製希特勒

沈煒

「希爾，男，18歲，哈佛大學一年級新生，其餘情況不詳。」「該死！」聯邦調查局局長庫柏憤憤地罵道：「趕緊查清他的來歷！」「是！」幾位情報人員匆匆離去而庫柏還在低聲詛咒著。是的，希爾和當年的希特勒一模一樣，在科學技術高度發達的2010年，什麼事都可能發生。

精批

選取希特勒作爲文章的題材具有特別的吸引力，也讓我們從另一方面認識到複製這一技術隱含的負面作用。

病因①

連詞誤用，此處的「況且」是表示轉折關係，而文中無體現。

處方

改爲「而且」，表示並列，並有遞進的意思。

病因②

用詞不當。雖說「遠非」用在這裡沒有語法錯誤，但從文中的發展來看，實際與新想的距離還沒達「遠非」的程度。

處方

「遠非」改爲「並非」。

病因③

表達不確切，有歧義。

處方

改爲「赤道附近的」。

調查結果很快就出來了，希爾是憑其優異的成績被哈佛錄取的，此前在德國讀書，一直是位品學兼優的好學生。驚人的是，希爾僅有一位親人，而他就是10年前自殺的雷蒙多教授。

「雷蒙多教授，20世紀偉大的生物學家之一，在遺傳學方面有很高造詣。」庫柏開始感到恐懼，歷史上雷蒙多同情法西斯主義，①況且完全有能力複製希特勒，而這位「希特勒」已經活生生地出現了！雷蒙多是眞的自殺，還是他殺？抑或是希爾……庫柏不敢再想下去了，他決定先暗中監視希爾。

②事情遠非想像的那樣糟糕，希爾思維敏捷，智商很高，爲人正派，從未幹過任何違法的事，完全是一位和平愛好者。他還在公眾場合發表演講，反對美國的對外干涉政策。難道這都是他僞裝出來的嗎？庫柏陷入了沉思。

案情有了突破性進展：情報機關在亞洲③赤道的熱帶雨林中發現了一所神秘的實驗室……雷蒙多教授的複製實驗室。

庫柏打開了情報人員得到的雷蒙多的實驗日記：

「1992年4月12日，……成功了，我成功地複製了希特勒！當今世界上只有我完全掌握了複製技術……我要照顧好希特勒，嗯，叫他

希爾吧……」

「1997年6月10日，……他們才複製一隻羊，而我的小希爾都5歲了……」

「2000年4月12日，今天是希爾8歲生日，④而我卻徹底地絕望了。我終於認識到，我能複製希特勒，但不能複製80年前的德國，希爾只是遺傳基因跟希特勒完全一樣的現代人而已。思想是後天的產物，複製不了。即使思想能複製，現代社會能接受法西斯主義嗎？」

「看來，失敗在開始時就已經注定了……」

庫柏聳了聳肩，揮揮手：「解除對希爾的監視吧！」他長舒了一口氣，重重地倒在寬大舒適的座椅上。

病因④

濫用關聯詞。

處方

去掉「而」或「卻」。

點評

「複製」（clone）的意思就是無性繁殖，20世紀後半期，科學家發明了複製技術，用人工辦法來「製造」生命。1997年英國的「複製羊」在全世界引起了轟動，從此能否「複製人」的話題成爲熱點被廣泛地傳播開來。本文就是運用這個發明，通過想像和誇張，大膽地虛擬出了一個2010年的「希特勒」——希爾。由此引發了聯邦調查局的一系列調查、監視，引起了一陣恐慌。接著引出了複製者——雷蒙多和他的日記，這團迷霧才煙消雲散。文章構思精巧，題材新穎獨特，思路敏捷，懸念叢生，引人入勝。

童話寓言

胖子與瘦子

王瑩瑩

當我還是個精靈時，我曾赤裸裸地站在上帝面前。他對我說：「孩子，你該有一個軀殼，你將去人間過一生。」接著，他隨意地給了我一個軀殼。我打量著軀殼，不美。我疑心是他偏心，卻沒出聲，只是問：「我該如何對待它呢？」上帝深思了片刻，給了個極簡單的答覆：「盡量珍惜。」我以爲他會立刻遣我走，他卻留下我，我不得其解。

這便使我目睹了一個①忘不了的場面：

侍衛將兩個人帶到上帝面前。一位是個胖子，挺著滿是油水的大肚子，頭抬得老高，臉上的肉橫堆豎擠，露出兩隻小眼睛，傲慢地審視著周圍的一切；另一位乾瘦，身上還有槍眼，折了一條腿，由侍衛架著進來的，模樣慘不忍睹。

「他們都是從人間回來的。」上帝介紹，然後問：「孩子們，你們從人間得到了什麼？」

病因①

語言不簡潔，「忘不了」常作口語用。

處方

改爲「難忘」。

一胖一瘦的形象對比，給人印象深刻，並且其中也蘊含了作者的寓意。

胖子思索著，瘦子卻連忙說：「得到了很多，很多，是眞的。」

「說吧，孩子！」

「我在人間的生活並不富裕，②但卻得到了愛的溫暖，我因此也學會了付出，我把愛給了他人，因此我的心裡得到了快樂和安慰，我的付出與我的收穫並存。」

病因②

濫用關聯詞。

處方

去掉「但」或「卻」。

「請注意，他的軀殼！」胖子不滿，「他折了腿，中過彈」。

瘦子忙又說：「是這樣的，我參過軍，我爲國家出力了，我殺過許多敵人，得過獎章，彈孔便是證明，我因它們而驕傲。退伍後，因爲救一個亂穿馬路險遭車禍的孩子而折了腿，可當我看見孩子安全地在我懷中，我覺得這完全值得。我的後半生很窮，卻天天有人來照顧，其中還有一幫可愛的孩子。我沐浴在愛的海洋中，幸福極了。」

「該你了，孩子。」上帝轉向胖子。

「我嘛，」胖子發話了，「我擁有許多錢，漂亮的女人，高檔的轎車……」胖子將他的③富裕生活一一列舉。

病因③

搭配不當，「生活」是抽象的、無形的，怎能「一一列舉」？

處方

將「富裕生活」改爲「財物」。

「還有呢？」上帝問，「好吧，就談到這兒吧！侍衛，將他們的軀殼拿開，我要看看他們的靈魂。」

在拿開軀殼的一剎那，我被驚呆了。瘦子

病因④

表達不完整，「扶」的狀態未表現出來。

處方

改爲「侍衛忙過來扶住他。」

的靈魂如此強健，穩穩地站著。胖子的靈魂卻乾瘦虛弱至極，眼看就要摔倒了，④侍衛忙過來扶。

上帝朝著瘦子強健的靈魂宣布：「善良的孩子，你在人間學到了眞善美，去天堂吧，你合格了。」接著，又轉身對胖子乾瘦的靈魂說：「可憐的孩子，你在人間學會了假惡醜，你的金錢是你攻擊對手得來的，你的地位是你殷勤巴結得來的；你從沒有眞正開心過，就連睡覺也常做⑤惡夢；你怕你的孩子爭遺產，怕你的妻子不眞心，你是空虛、脆弱的。這樣，你只能到地獄去。」上帝向侍衛揮了揮手。

病因⑤

錯別字，「惡」常表示壞的，凶狠的。

處方

改爲「噩夢」。

胖子乾瘦的靈魂，伏在地上，失聲哭了起來。

這時，上帝朝我走來，看著我，一字一頓地說道：「孩子，懂了吧！軀殼並不重要，靈魂、精神，才是第一位的！」

我點點頭，套上軀殼，深深地鞠了一躬，離開了。

⑥而那場面，我卻終生難忘。我要記住它，好好做人！

病因⑥

前後主語不一致。

處方

將「我卻」改爲「卻讓我」。

點評

本文構思新穎大膽，寓意深刻。作者筆下的這個場面，許是夢境，許是虛幻，這個看似「荒唐」的想法，由於作者適當地處理和表達而顯得那樣的眞實。作者借「上帝」之口表達了「靈魂」和「精神」重於軀殼的思想。通過瘦子和胖子這兩個人物形象的對比刻畫，把「靈魂」和「軀殼」的含義進一步具體化：「靈魂」就是指眞善美的思想境界和道德情操，「軀殼」就是拜金、享樂、物欲的腐朽的生活方式。

作者以淋漓的筆墨，歌頌了瘦子的靈魂，而對胖子則極盡嘲諷、鞭撻，表明了作者健康高尚的人生觀悟。

一朵小雲

吳穎蓮

微恙區

有一朵小雲——只是很小很小喲，可是很潔白，就連它的心，也是晶瑩剔透的。這朵小雲總嚮往變成雨，到大地上滋潤萬物，①但它卻不知道怎樣才能變成雨。

於是，它去問凶神惡煞般的積雨雲：「積雨雲伯伯，我怎樣才能變成雨呢？」積雨雲傲

病因①

濫用關聯詞。

處方

去掉「但」或「卻」。

慢地瞟了小雲一眼，陰森森地說：「你？哼，先加入黑雲組織再說！哈，哈哈……」一陣獰笑後，黑心的積雨雲便和同伙們變成一場可怕的傾盆大雨，令江水暴漲，還恣意虐殺洪水中可憐的小生物。小雲看著這場大屠殺，戰慄著趕緊走開了。

病因②

語言表達不得體。

處方

可將「活潑」改爲「絢麗」或「絢爛」。

忽然，一束②活潑的彩光躍上小雲的臉，啊！能歌善舞的彩霞姐姐在那兒呢！小雲趕忙迎上去，很有禮貌地問：「彩霞姐姐，難道想變成雨就非要加入黑雲組織不可嗎？」彩霞姐姐停下舞步，笑著說：「你想變成雨嗎？那倒不一定加入那凶惡的組織。你只要升高一點，讓體溫降低，身上的水蒸氣便會凝結成水珠，變成雨，落到地面上了。但是，」它撫摸著小雲道，「千萬不要到沙漠上空去下雨！」

「爲什麼？沙漠很可怕嗎？」

「當然，」彩霞正色道，「那是一個地獄般的地方，你變成的雨會馬上被酷熱蒸發得無影無蹤，你肯定會被撕得體無完膚！」

精批

從側面寫出沙漠環境的惡劣，也爲下文小雲去沙漠做鋪墊。

「沒有雲肯到那兒下雨，沙漠豈不是更乾旱嗎？」

「當然，但大家都沒辦法。噢，小傢伙，你還小……不要想那種遙遠的事吧！幹嘛一定要變成雨呢？傻瓜，快樂一點，一起來玩吧！」彩霞又不知疲倦地舞動著纖柔美麗的身

軀，繼續她那沒有憂愁的歡樂生活了。

小雲悶悶不樂地飄走了。漫漫長夜，點點繁星，甜蜜的靜謐中卻傳來小雲的嘆息。沙漠中生命的悲慘命運時刻牽動著小雲的心。

那兒的生命沒水喝，一定很可憐。它想。我去救它們吧……但這樣一來我就會喪命的！天啊，怎麼辦呢？

不知不覺中，曙光穿透了小雲輕紗似的軀體，朦朧中小雲聽見靈魂在喊：去沙漠吧，救它們！你會獲得痛苦後的永生！……一句話提醒了小雲，它恍然大悟：③那生命大家庭是那麼需要甘露來維持啊！

於是，小雲抖擻精神，躲過恥笑它的黑雲組織，又繞過迎太陽起舞的彩霞，獨自乘風奔向沙漠。一路上，④不斷被小雲吸納的水汽和塵埃令苗條的它變得臃腫難看了——可它已經不理會了。

哇！多可怕的沙漠！黃黃的一片，動物們慘白的頭骨訴說著痛苦的過去，仙人掌的刺悲壯地直刺天空，斥責著那些冷眼旁觀的雲朵們。看到這些景象，小雲——不，是大雲——忘記了酷熱，難過地灑下了淚水。可它馬上驚恐地發現，眼淚立刻被酷熱蒸乾了。一想到自己也會被蒸乾、撕裂，大雲的心揪緊了。可勇氣畢竟戰勝了害怕，它最終還是堅決地升高，

病因③

代詞指代不清。

處方

把「那」改爲「沙漠中的」。

病因④

句子雜糅，容易產生歧義。

處方

改爲「由於不斷吸納水汽和塵埃而令小雲苗條的身體變得臃腫難看了」。

降低體溫，同時命令水蒸氣們圍著塵埃，形成水珠——一顆顆令它痛苦又快樂的水珠呀！

嘩啦啦……水珠們歡快地下降。酷熱卻張牙舞爪，要對水珠們斬盡殺絕，把它們變成⑤水蒸汽，並殘忍地把它們拆散。每一滴重新蒸發的水珠被拆散時，大雲都感到好一陣劇烈的、刀割似的疼痛，難受極了。昏迷中，大雲很快便變回小雲，並即將消失了。小雲絕望地看著每一滴被拆散的水珠，只能喃喃地對生命念著千萬個對不起……幸好，在小雲消失前，它終於看到一顆大水珠戰勝了酷熱，趕在蒸發前落到仙人掌的刺上。小雲欣慰地說：「我沒事……」隨即化做一縷煙不見了。

病因⑤

錯別字，「汽」一般指液態的水。

處方

改爲「水蒸氣」。

一切都結束了。

一切都沒有了。

只有酷熱，水汽包圍著沙漠，天氣似乎清涼了一點。

只有仙人掌的刺接到一丁點甘露，令生命之水得以補充，令大自然生生不息的定律得以繼續生效。

只有小雲的靈魂與陽光共舞，聆聽偉大而永恆的生命傳說。

只有風哀號著訴說小雲的壯舉，許多雲都不禁落淚了。

精批

對小雲反覆的歌頌與讚美詩般的吟詠，可以看作是小作者對奉獻精神的呼喚與頌揚。

於是在那天，全世界許多地方都下雨了……

點評

文章通過身份平凡、能力有限的小雲與可怕的沙漠搏鬥，用自己的生命造福生物的義舉，歌頌了不畏強暴、捨己爲人的崇高精神。如能多描寫一兩筆沙漠景象，小雲的形象就更爲突出了。在取材上，作者能利用自然現象的原理，化爲各有特質的人性角色，使故事更能凸顯主題，不失爲寓言中的佳作。

換鼻子

張迪

冬冬是一個講衛生的好孩子，但是他有一個壞毛病——貪吃。不論什麼好吃的東西，只要讓他發現，就一掃而光。媽媽把好吃的東西放在櫥櫃裡、抽屜裡，冬冬找不到，心想：爸爸常說，狗的鼻子最靈敏，那我就和小狗換鼻子吧。於是，他把家裡餵養的小花狗喚來，央求道：「小花狗，我們是好朋友，今天我有一件事求你，你能不能和我換鼻子啊？」小花狗望著他的小主人又是搖頭，又是擺尾巴，嘴裡大聲嚷嚷著：「不行！絕對不行！」

精批

「一掃而光」一詞眞是形象生動，逼眞地刻畫出了「冬冬」貪吃的特點。

「你向來對我是百依百順啊！」

「你的鼻子又白又淨，而我的呢？有小花點，還有絨毛，安在你的臉上，多難看啊。」小花狗帶著歉意解釋道。

「那可怎麼辦呢？」冬冬滿臉沮喪。

「別著急，我有一個朋友叫小白狗，他可以和你換鼻子，而且他還是個魔法師呢。」

「太好了！太好了！①那我們去。」冬冬興奮地跳了起來。

病因①

缺賓語，句子表達不完整。

處方

在「去」加上「找它吧」。

小花狗帶著它的小主人，來到魔法師小白狗家。

冬冬說：「小白狗，我要跟你換鼻子，行不行啊？」

「怎麼，你要跟我換鼻子？」

「對對對。小白狗你看，我的鼻子一點兒不比你的差，你就給我換一換吧！」冬冬哀求道。

「那你閉上眼睛吧。」小白狗說一聲，「變！」冬冬聽見耳邊咕的一響，他睜開眼睛一看，他的又白又淨的鼻子貼在了小白狗的臉上，那自己成啥樣兒了呢？冬冬急忙跑到穿衣鏡前，看到自己又白又淨的鼻子變成了一個毛絨絨小球狀的鼻子，就大哭起來。小白狗既像勸慰又像自言自語地說：「使勁哭吧！眼淚會洗掉鼻子上的絨毛的。」過了一會兒，冬冬不

哭了，摸了摸鼻子，哎，怪了！冬冬發現自己鼻子上的絨毛②像糖一樣熔化掉了，整個鼻子光溜溜的。

冬冬聳了一下鼻子，一股誘人的香味撲鼻而來，有香甜的餅乾，冰涼的雪糕，清涼甜蜜的布丁……他不知道該吃哪一樣好。從此，凡是家裡能吃的東西，沒有一樣能藏得住。一次，家裡的魚罐頭發霉了，媽媽讓冬冬把它拿去倒掉。冬冬走在通往垃圾筒的路上，使勁地嗅著，兩眼直盯著罐頭盒裡長著綠絨毛的魚。到了垃圾筒旁，他再也忍不住了，拿出一條吃了起來。「啊，好香！」接著第二條、第三條……罐頭裡的魚都被他吃光了。

當天晚上，冬冬的肚子疼，媽媽急忙帶他到醫院。醫生說，是食物中毒。媽媽問：「冬冬，今天中午，我讓你倒的臭魚罐頭，倒了嗎？」冬冬急忙說：「哪裡是臭的，挺香呢。」「唉，你怎麼這麼不講衛生！」媽媽生氣地說。

在醫院裡，冬冬又是打針，又是吃藥，受盡了苦頭。

冬冬病好以後，去找小白狗，要求它把鼻子換回來。

「怎麼，你又要和我換鼻子？」

「對對對。」

病因②

錯別字，「熔」常指金屬由固態變成液態。

處方

改為「溶」。

精批

把冬冬的神態刻畫得活靈活現，這一細節的描述更有力地突出了主人翁「饞」的特點。

精批

以問句的形式結尾，把讀者置於事件中間，可以親身體會到冬冬此時的感受。

「唉，你怎麼不早說呢？現在你換給我的鼻子已經長上了絨毛，你的淚水再也洗不掉了。現在惟一的辦法是，你去找一個和你同樣貪吃的人換鼻子。」

小朋友，你願意和冬冬換鼻子嗎？

點評

這是一篇引人入勝的童話。作者不僅充分發揮了自己的奇特想像力，而且在敘事的時候很注意細節：冬冬的鼻子換成「一個毛絨絨小球狀的鼻子」後，小白狗勸他說：「使勁哭吧！眼淚會洗掉鼻子上的絨毛的。」這些細節使得文章更加耐讀。同時這篇童話也有較深的寓意：做什麼事時可不能只考慮一方面，而應全面考慮。

蝸牛的一個半願望

劉牧之

病因①

錯別字，「哄」常用來形容聲音。

蝸牛趴在被太陽曬得①暖哄哄的大石塊上，羨慕地看著草地上的動物盡情地玩耍著。

小白兔摘了幾朵色彩斑斕的野花戴在頭上，飛似的在草地上奔跑著，在他身後留下一

道美麗的弧線。「唉，我要是能有小白兔的一半靈活就好了。」蝸牛萬般無奈地瞥了一眼身上那深褐色條紋的殼兒。

毛茸茸的，剛從媽媽「育兒袋」鑽出來的小袋鼠繞著一排枝葉茂盛的，並綴有幾朵暗紫色小花的果樹高興地蹦著跳著，一跳就好遠，驚得那些漂亮的蝴蝶和蜜蜂直飛舞。「他玩得多痛快啊。小袋鼠隨意一跳夠我蝸牛爬上幾個小時的了……」蝸牛煩躁地抖動了一下那沉甸甸的殼，像要擺脫它似的。

「撲通」，野鴨跳到小河裡，悠閑自在地浮在淡藍色的水面上，那雙小巧玲瓏的腳有節奏地擺動著，那綠得發亮的羽毛與波光粼粼的河面互相映襯，從而呈現出一幅和諧、安寧的景象。「野鴨真幸福，能在水中②嬉水玩樂……」蝸牛嚮往地凝視著那偶爾泛起圓暈的河面，陶醉似地說。隨後他苦惱地、發瘋似的在大石塊上拚命撞自己的殼，這個該死的累贅！

這時，一位天使從天而降。她潔白無瑕的翅膀和頭上那神奇的光環，蝸牛只有在他那多彩的夢中看見過。

「我能滿足你一個半願望，記住，是一個半。」天使那善良的目光灑在蝸牛驚訝的、粉白色的小臉兒上，那聲音通過柔柔的微風向蝸牛拂去，猶如美妙的音樂。

處方

改為「暖烘烘」。

病因②

錯別字，「嬉」常用作書面語，表示遊戲，玩耍。

處方

改為「戲」，其後可帶賓語。

精批

「一個半願望」，真是非常奇怪的願望，引起讀者興趣。

「我……我不想要我身上討厭的殼。」蝸牛激動得連聲音都顫抖了。

「好吧。那還有半個願望呢？」

③「再說吧。」蝸牛一副迫不及待的樣子。

倏地，蝸牛的殼消失了。他感到從未有過的輕鬆，他興奮地跳下石塊。他那富有彈性的身軀在接觸到泥地的一刻又高高地被彈起，然後跌在鬆軟舒適的、香噴噴的青草上。

蝸牛不斷地打滾、跳躍、東走西跑，時而和香蕉樹底下的蒲公英話家常，時而坐在金龜子背上聽她唱歌，要不就是邊曬太陽邊爲螳螂和蟋蟀的拔河比賽吶喊助威。

蝸牛跳入小河，浮起又沉下，一群銀白色的小魚圍著他嬉戲打鬧。他④仰天躺在浮蓮上，讓夕陽的餘暉靜靜地灑在自己身上。

夜幕降臨，蝸牛躲在冰涼的大石塊的縫隙中，頓感寒氣刺骨，冷得他直哆嗦。這時，只有在這時，他才第一次感到原來身上殼兒的價値所在，他爲自己的無知與魯莽悔恨不已。

「對，我還有半個願望沒實現呢。」蝸牛正自言自語著，那可愛的天使又一次出現在他面前。

「是的，我還能滿足你半個願望。」

「我要我原來那只殼。」蝸牛毫不猶豫地說。

病因③

語意不明，既然「迫不及待」怎麼現在不說非要「再說」呢？讓人不容易理解。

改爲「蝸牛迫切地想看到它第一個願望實現後是什麼樣子。」

病因④

搭配不當。「仰」字本身就是面朝天的意思。

去掉「天」字。

精批

蝸牛的半個願望原來用在這裡了，而且更巧妙的是，小作者以半個願望的方式闡釋了蝸牛爲什麼只有半個殼，眞是獨具匠心。

「那你只能得到半個。」天使遺憾地說。

「那……」蝸牛沉思著，頭上兩根觸角不時地抖動著。「對了，我要半個和我原來的一模一樣的殼。」

「好吧！」天使說著，悄然離去。

蝸牛抬頭注視著皎潔的月亮，懷著一絲希望入睡了。

第二天，蝸牛果然⑤如願以嘗了，他趴在大石塊上，看著草地上玩耍的動物們。此時，他的心情很平靜，不時地回首看一眼背上那個有著深褐色條紋的、沉甸甸的、昨天還被他認爲是累贅的殼。在陽光的照耀下，那精緻的小殼正閃著微光。

「眞可愛。」蝸牛禁不住說道。

病因⑤

錯別字，「嘗」是品嘗、體驗之意，沒有「滿足」的意思。

處方

改爲「如願以償」。

點評

這是一篇想像得十分美麗的童話。作者從蝸牛的現實形象出發，描繪了一幅神奇而美麗的圖畫。蝸牛的殼到底是怎麼來的？生物學家說是動物演化的結果。而我們這篇文章卻似一個神話。在作者筆下，蝸牛的殼經歷了一個由有到無和又由無到有的過程。本文想像力的體現是十分明顯的。首先，整個故事是想像出來的。其次，文章所描繪的景象是作者想像出來的。最重要的一點是，蝸牛和天使富有人性味兒的形象也是作者想像出來的。

自動傘和斗笠的對話

唐冬梅

「哼！看你那醜樣，和我在一起，羞死人了！還不趕快到垃圾堆裡蹲著去？」

「咳，傻孩子，你懂得個啥呀！別看我沒有你漂亮、時髦，想叫我在這個世界上消失，沒那麼容易！要知道，當我出世時，你還不知在哪裡呢！」

噢，原來是掛在我家牆上的自動傘和斗笠，正在進行激烈尖銳的舌戰。

說起斗笠，它是爺爺用了多年的防雨、防曬工具，爺爺非常愛惜它。那傘呢，①是爸爸因爲上小學才買的。我一直珍愛這把傘，它與我風雨爲伴，烈日爲伍。奇怪！今天，爺爺的斗笠爲什麼和我的自動傘爭吵得這樣凶呢？我站在門外，想要聽個明白。

「我美觀、大方、攜帶方便，或者裝進包裡，或者掛在手腕上，深受廣大朋友的喜愛。而你呢，光禿禿的頭，身體古板地固定著，像個大陀螺，整日張著嘴，脖子上還繫著長長的繩索，那麼醜陋，活像個十足的傻子，哈哈哈

精批

文章以對話形式直接切入，簡潔明快，而且從各自的語言上體現出雙方的性格特點。

病因①

語意不明確，結合下文可以看出「傘」不是給爸爸用的。

處方

在「上學」前加「我」。

自動傘把它眼中的斗笠特點描述得很鮮明，顯得非常形象。

……」聽，這是我那自動傘在向爺爺的斗笠發動攻擊。

「孩子，我說你還年輕。雖然我比不上你那『和尚袈裟』般的漂亮外表，但你那光禿禿的腦袋，烏龜一樣的伸來伸去，還有那細細麥秸似的小腿，看起來頭重腳輕，眞是叫人擔心啊！況且，製作你也非常麻煩，②需要花費很多的上等材料。而我的構造卻十分簡單，所用的原料主要是竹篾和竹葉，然後經過人們的巧手編織便製成了，經久耐用，樸素大方。想當年，我在那個時代是最英俊、最受歡迎的。我的那些老哥們，出門把我戴在頭上，既遮太陽又擋雨。高興時，向背上一揹，多麼方便。那時，我的身影到處可見，神氣得很。就是今天，我也大有用武之地。隨著人們審美觀念的不斷變化，製作我又有了許多新材料，也出現了許多新工藝，像蘆葦、麥稈和布料等，用它們編製的成品既美觀又經濟實用。人們在製作過程中，在我的身上編織、描繪些花草小鳥、自然風光，給眞實的我增添了許多光彩，使我不僅可以防雨防曬，還可以作工藝品裝飾房間。現在，不但我的老哥們更加喜愛我，就連喜愛你的年輕姐妹們也③竟相把我戴在頭上，以顯示她們的美麗、瀟灑。」嗬！爺爺的斗笠眞會講話。這回看我那辣椒似的自動傘還有什

病因②

表達不確切，傘雖然是新事物但也並不是所有的傘都是用「上等」材料製作成的。

處方

刪去「上等」。

病因③

錯別字。「竟」一般表示完畢、從頭到尾，或作副詞用，沒有「比賽、競賽」的意思。

處方

改爲「競相」。

麼可說的。

「哼，我的製作也很簡單，只需要把各種花色的尼龍布、鋼絲和一根伸縮自如的金屬棒加工裝配在一起。棒端的把兒安裝有自動裝置，④只要一按，可將傘打開，收放自如，使用靈活。我的伙伴們一個個出廠以後，就像一朵朵美麗的鮮花，光彩照人。再說，自從我們這個新的家族出現以後，在短短的時間裡就迅速打開了局面。除了幾乎和我一齊出生的『半自動』還能與我相抗衡外，其他的就不提了。更別說你了，就連與你們竹子有『血緣』關係、笨頭笨腦的漆布傘也幾乎絕於人世，誰還會稀罕早已過了時的醜八怪呀？」嘿，我這自動傘也夠厲害的！

「咳！孩子，不要急嘛。瞧你瞪眼噘嘴的樣子，有話慢慢說。你想，我們不都在為人們做貢獻？只是長相不同，製作材料和工藝不同而已。我看，這外表只是美的一部分，它體現著人類科學的進步和發展；真正的美則是內在的心靈美！我們在這裡爭爭吵吵，誇誇其談，很難有結果，倒不如讓人們去評定、感受我們各自的美在何處！」

「哎，這樣也好。咱們各自的主人最通情達理，最公正，那我們就等待他們的評價吧！」

病因④

關聯詞使用不完整，「只要……」後面無搭配的連詞。

處方

「可」前加「就」或「使」。

精批

斗笠的話實際上是表明了小作者的態度取向，事物有無價值在於有無做出貢獻，事物的美醜在於其內心是否美麗。

咳，這場論戰終於結束了！他們理直氣壯，不分勝負。但是，誰能料定他們之間不會有什麼新的矛盾呢？

點評

從本文的文題上就能很明顯地看出，這是一篇想像作文，因爲文章寫了斗笠與自動傘的對話。本文借助想像，採取童話的形式給我們講了一個普通得不能再普通的故事，爲我們塑造了兩個栩栩如生的形象。斗笠胸有城府，幹練老成；自動傘年輕氣盛，咄咄逼人。他們富有個性的語言，使我們不能不嘆服作者的高妙。

火的奇遇

黃偉傑

微恙區

①牛扒，看你哪裡逃！讓我把你燒熟，讓我把你弄成又香又好吃的食物，給我的主人。

我是一團小火焰，每天幫助主人做工作，例如燒菜、燒水……所以每天也被他弄得十分疲勞。呀！三點十五分了，②又到吃下午茶和休息的時間。不過，今天實在太忙碌了，連氣也喘不過來。因爲今天有客人來採訪我的主

病因①

錯別字。

處方

將「牛扒」改爲「牛排」。

人，所以主人又要利用我來烹調美食，他先後煮了很多菜，每一道菜式色、香、味俱全，連我也想吃呢。

剛才他用我來煲湯，但突然接了一個電話後，便匆匆忙忙地走出門了。他離開前，我只聽到一下巨大的關門聲——「砰！」他離家以後，我不斷地想，不斷地等，難道他忘記了把我關掉嗎？

病因②

缺少助詞。

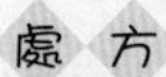

在「到」後面或「時間」後面加「了」。

過了一小時、兩小時……我的主人始終沒有出現，③瓦煲裡面的湯快給我燒乾了，煲也出現了裂痕。我終於忍不住了。哇！原來當我遇到和我合拍的傢伙，例如酒精時，我便能把自己的潛能引發出來，變成巨大的火焰。霎時間，我感到十分興奮，只要是我接觸過的地方，便會有我的「兄弟」，我的勢力開始增大。

病因③

助詞使用不當。

處方

把「給」改爲「被」。

由於太好玩了，我走遍了屋子的每一個角落。我不斷地吐出火焰，伸出舌頭，到處搗亂。不消半個小時，我已和我的手下占據了整個房子，我把整間屋子裡的東西都塗上了黑色。後來，我的勢力不斷增強，鄰居的屋子也燃燒起來了。忽然，從遠處傳來「嗚……嗚」的聲響，那聲音愈來愈近，我把頭伸出窗外，呀！原來是消防車。我看見許多消防隊員走出來，他們向我這邊射水，雖然我有許多「兄

弟」，但最終我們還是抵擋不住這猛烈的水流投降了。

我被撲滅了，可是耳邊傳來陣陣悲慘的哭泣聲，原來因爲我貪玩，④主人的財產和家庭遭到嚴重破壞。我爲剛才的所作所爲感到十分後悔！但除了感到內疚外，也埋怨我的主人，爲何不好好地看管著我呢？

病因④

主謂搭配不當。

處方

改爲「損失慘重」。

點評

《火的奇遇》一文從文題上看會使人誤以爲是一篇情節曲折的歷險記之類的文章，而當你讀完以後便會恍然大悟，作者原來寫的是一場火災。一般來說，火災的經過很少有人詳細地了解，大多是找出其原因和結果，而本文作者卻以第一人稱自述，詳細地寫了這次火災的具體經過，生動、形象。本文之所以能達到這個效果，是因爲作者運用了極其豐富的想像力，作者通過展開豐富的想像包括聯想、推想，從而使文章生動可感，彷彿是在描述一個小孩子的惡作劇。

在企盼自由的日子裡

沈曄

我是一隻有著一張黃色小嘴，兩條紅紅小腿，頭上還有一點白色絨毛的小麻雀。

那天，我在空中飛來飛去，遊覽人間的美麗景色，不料不小心掉進了一個大院子裡，我馬上嘰嘰地呼救。①也許是屋子的主人聽見我的叫聲，從屋裡走了出來。呀！這是一個留著齊耳短髮，橢圓的臉上有幾粒細小的雀斑，還戴著一副眼鏡的小女孩。咦，她的眼睛怎麼失去了光彩，好像很累？可她一見到我，立刻欣喜若狂。她悄悄蹲下來，想抓我，我一跳，她沒抓到。②就那麼一跳一抓，折騰了好久，直到我筋疲力盡，只好「投降」。她輕輕用線把我的腳綁在窗上，又拿來了一只盒子。裡面墊上棉花，再把我放進去。「放我出來！你幹嗎綁著我？」我用僅剩一點的力氣喊道。可是小女孩聽不懂我的話，還以為我餓了，便拿來一把米餵我。我不理睬她，趴在盒子的角落，嘴裡還不停地嘀咕：「放我出去！還我自由！」

第二天早晨，小女孩又拿米餵我，我還是

病因①

副詞位置不當。

處方

改為「院子的主人也許是聽見了我的叫聲」。

病因②

詞序不當。

處方

把「跳」和「抓」位置互換。

不③理采她，準備「絕食」。小女孩用充滿失望的目光望著我，說：「吃點吧，不吃會餓的。」我很氣憤，心裡想：「哼！假惺惺，堅持到底就是勝利！」小女孩又拿來一根細牙籤，上面粘著米，餵我吃，就像母親餵孩子一樣。望著她那雙充滿渴望的眼睛，我只好吃了一點，可我吃完後，還是拚命地喊：「放我出去！還我自由！」

第三天早晨，又是一個陽光明媚的日子，像前一天早晨一樣，小女孩還是來餵米給我吃，④可她的眼睛卻失去了光芒，還帶有血絲。「喂，你怎麼了，有什麼心事？」這次小女孩好像聽懂了我的話，她對我說：「唉，小麻雀呀小麻雀，你知道嗎？雖然放暑假了，可爸爸媽媽天天逼我學琴棋書畫，補習語文、數學、外語，也不允許我出去玩，我只能趴在窗上看小朋友玩。後來，我捉了你，是希望你能和我做個伴，給我解解悶。其實，我知道，被剝奪自由是很難受的，因爲自由對每個人都十分重要，每個人都有追求自由的權利。這幾天，你一定很想家，所以，我決定馬上放了你。」說著，她幫我把繩子解開，抱我到陽台上，⑤往空中一拋。「再見！」小女孩目送著我，眼中充滿了企盼，也許她在想……我向空中飛去，心裡不禁一陣陣難過。

病因③

錯別字。

處方

改爲「理睬」。

病因④

濫用關聯詞。

處方

去掉「可」或「卻」。

精批

小女孩好像是在說給小麻雀聽，實際上也是在暗喻自己，批評父母的教育方法。

病因⑤

語意不詳。

處方

改爲「手往空中一拋，我就展翅飛了起來」。

點評

《在企盼自由的日子裡》是一篇構思極爲巧妙的文章。本文原旨是寫對自由的嚮往，但寫時不是這樣直寫，而是以一個麻雀因失去自由的境況相喻，含蓄地表達了自己的思想感情。本文想像力體現最突出的是主角的設定。文章中的鳥是一隻極富人性的鳥。通過鳥寫人這恐怕不是第一個，但是以鳥喻人，以鳥比人的寫法效果卻尤爲突出。此外，文章當中語言的描寫，尤其是鳥語的描寫也是本文形象性和生動性的關鍵所在。

芒果樹與風箏

鄧慧文

一只斷了線的風箏，被風兒吹動，飄飄悠悠，落在一棵芒果樹上。

大樹被驚醒，見有一個長尾巴紙片落在自己的頭頂上，便疑惑地問：「朋友，你是誰？從哪兒來？」風箏瞧了瞧大樹，答：「我是風箏，一只斷了線的風箏，被風吹到這裡的。」大樹喃喃自語：「風箏，風箏是做什麼的？」風箏大叫：「朋友，你沒見過風箏嗎？你長得

這麼高，在校園中，難道沒有見過人放風箏嗎？」大樹滿臉愁容：「唉，我只是一心一意頂著烈日爲同學們遮陽，哪有時間去欣賞天上的東西呢？再說……」大樹話沒說完，一個高個兒同學大聲說：「看，樹頂上有只風箏！哥們，我爬上樹去取。」①正摩拳擦掌時，一個低年級的學生連連阻止：「大哥，你要愛護樹木啊！」高個兒同學臉紅了，說：「什麼②時間輪到你來批評我？」他折了根樹枝，一揮，幾個人便走了。

小學生上去心疼地撫摩著大樹的傷口，說：「樹啊樹，以後我一定立個牌子告誡大家不要亂折樹枝，勸大家愛護樹木！」小學生走了，大樹對風箏說：「看吧，我辛辛苦苦爲同學們擋烈日，但有些人卻不懂得愛護我！那次，幾個學生用小刀在我身上亂刻，弄得我傷痕累累，疼痛難忍……」大樹說不下去了，傷心地掉下了淚水。風箏也嘆氣：「③想不到高年級學生不如低年級學生懂事！我的主人也不懂得愛護我，他放學不做作業，牽著我東奔西跑。我們風箏的飛行一定要看風力和主人的技術；重陽節主人和他的朋友進行比賽，那時我已累了，無奈也只好打起精神，主人輸了，就拿我來出氣，當時我差點斷了骨頭。今天趁他不留神我便掙斷線跑了，打算再也不回主人那

病因①

缺主語。

處方

句首加「他」。

病因②

用詞不當。

處方

「時間」改爲「時候」。

病因③

缺少副詞。

處方

在「不如」前加「還」。

兒。不料碰上你這知心朋友，眞是我的福分。」

風箏與大樹呵呵地笑了。放學鈴響了，那個小學生再次揹著書包來到樹下，手上多了個木牌。他把寫有「請愛護樹木」的牌子插在樹下，拍了拍手，又擦了擦汗。大樹悄悄地告訴風箏：「④你找到好的歸宿了。」它用力抖了抖身子。風箏掉了下來，小學生撿起來，高興地說：「謝謝你，芒果樹！」

大樹向風箏搖搖手，風箏向大樹點點頭。

病因④

表達不充分。

處方

改爲「這個小學生心地善良，讓他做你的新主人吧」。

點評

《芒果樹與風箏》是一篇選題很普通但又寫得很好的一篇童話。從作品來看，人物不多，情節也很簡單，但是，作者想像出來的情節和著力表現小同學的美好品德卻是很成功的。本文的想像力主要表現在賦予了風箏和樹與人的感情色彩，在作者筆下，風箏和樹各有各的苦衷。文章正是通過風箏和樹各自的口來抒發自己的心情，表達自己的思想感情。另外，文章中「人物」的對話，環境的描寫都充分體現了作者的想像成分。

手和足的友誼

應丹萍

手和足是一對①鄰居。手是弟弟住在樓上，足是哥哥住在樓下。它倆是一對愛比賽的兄弟，有時比著比著就爭吵起來。

聽！它們又吵開了。足大哥②拍著自己的胸膛說：「你看我，走路多快呀！一步就是半米多，要是跑起來，嗨！那就更威風了。」手弟弟在一旁可聽不下去了，一臉不服氣的樣子：「你有什麼了不起的，我雖然跑步比不上你，可我的本事比你大哩！我能提、能拉、能甩，主人非常喜歡我。你呢，你行嗎？除了能走能跑外，只會給主人帶來麻煩。」「你說得倒好聽，③上次你不是給我的主人惹了麻煩嗎？主人都傷心得哭了呢，你可不要忘記了。」「你跑得快，還不是我幫的忙嗎？」這樣，它倆你一言，我一語，直到吵得發不出聲了，才無可奈何地停下來。

有一次，足大哥來到操場上，它認爲自己跑步快，準備拿個冠軍給手弟弟瞧瞧。手一動不動，瞧著足大哥跟別人比賽。可是，就在足

病因①

前後矛盾。

處方

「鄰居」改爲「兄弟。

病因②

想像不合理。

處方

改爲「翹著自己的腳指頭說」。

病因③

語序不當。

處方

把「你」放到「不是」後。

大哥快要衝刺時，卻被一塊石頭絆倒了，它想站，可是怎麼也站不起來，血從傷口一滴滴地流下來，疼得足大哥直叫：「快來呀，手弟弟，快幫幫我吧！」剛說完，才想起前天跟手弟弟吵架，心想手弟弟是不會來幫忙的。果真，手弟弟看了哈哈大笑，神氣地說：「看吧，沒有我，你哪行？」足大哥好忍著疼痛一步一拐地回到家裡。

④手弟弟的運氣不比足大哥好。回到家裡，手弟弟口渴了，對坐在沙發上垂頭喪氣的足大哥說：「喂，到冰箱裡給我拿罐冷飲來。」足大哥狠狠地瞪了一下手弟弟，大聲說：「你能幹，本領大著呢！用得著我嗎？」說完仍一動不動地坐在那裡。手弟弟可火了，心想：「自己拿就自己拿，沒你我就喝不成了嗎？」手弟弟花了很大力氣，還是搆不著，只好無可奈何地坐在那裡。手弟弟想：「都怪我剛才沒有幫足大哥，否則它現在一定會幫我拿冷飲，我也不會這樣渴了，沒有它還眞不行。可是現在怎麼好意思對它說呢……」足大哥也在想：「我跑步時沒有手的幫助就獲不了勝，如果它能幫我，以後互相合作，有多好。但是，剛才我沒幫它，它還在生我的氣吧……」

「我們……」

「我們……」

病因④

缺少副詞。

處方

在「不比」前加「並」。

它們⑤同時開口了，但是，誰都沒說完。足哥哥難爲情地說：「手弟弟，你有什麼事，你先說吧！」手弟弟也紅著臉說：「還是你先說吧！」「這樣吧，我們把要說的話寫在紙上，等一會兒換過來看。」「好。」手弟弟馬上同意了。手弟弟去拿紙筆，足大哥馬上站起來。手弟弟把拿到的紙筆分給足哥哥一份。⑥不一會兒，寫好了，交換過來。此時它們的心撲通撲通地跳著，都在想：「它會對我講什麼呢？」還是足大哥先把手弟弟寫的打開了，「讓我們和好吧，從今以後互相合作，互相幫助，共同創造未來。」手弟弟打開來一看「哎呀！怎麼同自己寫的一樣啊！」它們馬上轉過身相互友好地笑了。足哥哥：⑦「去，拿飲料去。」手弟弟說：「不，你受傷了，先去店裡買OK繃。」「不，先拿冷飲。」「不，先買OK繃」「不，先拿冷飲。」「不，先買OK繃。」

看，它們又「吵」開了……

病因⑤

助詞位置不對，應緊跟動詞。

處方

改爲「同時開了口」。

病因⑥

缺主語。

處方

在「寫好」前加「它們」。

病因⑦

語意不明。

處方

改爲「走，我給你拿飲料去。」

點評

這篇童話故事想像豐富，故事情節生動曲折。通過對手和足爭吵、雙方遇到困難得不到幫助、雙方認識到自己的不足而重修舊好的描述，反映出人與人應友好相處、互相幫助、共同創造美好未來的主題。結尾的反語「它們又『吵』開了……」不但照應開頭，更令人回味無窮。此外，通篇語氣準確生動，詞語運用貼切，能較熟練地運用多種描寫方法，刻畫手和足的形象。如「一步一拐」描繪出足受傷後的行動不便，「無可奈何」寫出手口渴又拿不到飲料時的無奈，「撲通撲通」逼眞地寫出雙手打開紙條前的緊張心理。

黑板與粉筆的對話

黃茜

病因①

擬聲詞使用不當，不能用來形容聊天的聲音。

處方

改爲「唧唧喳喳」。

「丁零零……」下課了，同學們都背上書包回家了。學校裡頓時鴉雀無聲，每個教室都變得特別寂靜。突然，只聽見「①丁丁當當……」的響聲從初一(2)班的教室中傳出。②走近一聽，原來，黑板和粉筆看同學們走了，沒人和它們玩耍，覺得沒勁，便七嘴八舌

地聊了起來。

起初兩人聊得還挺帶勁的，可誰知後來竟吵了起來，原來它們倆在比誰的本領和用處更大呢！

黑板說：「小子，你瞧瞧你這模樣，再瞧瞧你這身材，能和我相提並論嗎？你再瞧瞧我，③我有這麼寬闊的胸懷，這麼健壯的身軀，而你只是我的零頭。光憑這點，你就落伍了。」

小粉筆可不服氣了，憤憤地說道：「黑板大哥，這話說得也太過頭了吧，您可別小看了小弟。您雖然比我強壯，但您老了，行動有些不便，我卻小巧玲瓏，能供老師和同學寫字。您能嗎？不僅如此，我還有一種蠟燭精神，就是犧牲自己，爲別人帶來方便……嗨，算了算了，大哥你知識淺薄，說了您也不懂。」

黑板聽了怒火中燒，憤怒地喊道：「誰說我不行了，小弟你沒了我，不也一樣孤掌難鳴嗎？如果沒了我，你的字該往哪兒寫呢？你這知識又該往哪兒用呢？④還不都得寫在我的身上嗎！」

粉筆小弟聽了黑板大哥的這番話，肺差點氣炸，便召集了所有兄弟一同應戰，大家異口同聲地說道：「不錯，您說的那幾點的確比我們強，這點小弟們不敢說謊。但是，在家庭成

病因②

前後矛盾，已經沒有人了，誰能「走近一聽」？

處方

去掉。

病因③

副詞使用不當。

處方

把「這麼」都改爲「如此」。

病因④

標點符號不對。反問句用「？」。

處方

「！」改爲「？」。

員中，你們卻不如我們多。看，一盒裡面有我們五十幾個兄弟，可在一間教室中，您的同胞兄弟可只有那麼一個，您這點是輸定了！」

黑板大哥又發話了：「粉筆小弟們，雖然你們的家庭成員比我多，可這又怎麼樣呢？你們不耐用，一摔便粉身碎骨，用下的頭還要被他人虐待，⑤可我的壽命不知要比你們長多少倍，你們這可不如我，個個都是短命鬼。」

病因⑤

連詞使用不當。

處方

「可」改爲「而」。

粉筆們氣得乾瞪眼。

這時，桌椅們來勸架了：「你們倆都是我們的好兄弟，千萬可別爲了這點小事吵架，『尺有所短，寸有所長』嘛。」

⑥聽了同學們的話，它們倆羞愧極了。

病因⑥

與前文矛盾。

處方

把「同學們」改爲「桌椅們」。

從此以後，黑板和粉筆互助互愛，成了好朋友。

點評

這篇童話的小作者運用擬人手法，通過豐富的想像，巧妙地將「黑板」和「粉筆」賦於人的思想、性格、語言和行動，成爲人格化的藝術形象。「黑板」和「粉筆」各自誇大自己的長處和作用，而爭論的最後結

果，突出了人「各有所長，各有所短」的道理，教育人們要互相尊重，互相學習。小作者善於抓準事物的特徵，分析相互依存的關係，因此，擬人手法用得恰當，對話比較準確。文章段落結構也較完整，先從形體上衝撞，再從功用上論戰，接著從數量上比較，最後在同學們的調解下明理。

公雞和青蛙

何媚

「好消息，好消息，青蛙被人類列爲保護動物啦！」大清早，黃鶯就飛到村頭的小楊樹上唧唧喳喳地嚷開了。蜜蜂、蝴蝶、松鼠、白兔、鵝、鴨等許多伙伴都圍攏過來，替青蛙感到高興。

①聽這消息，大公雞心裡不禁咯噔了一下：「什麼，②竟然那隻井底蛙被列爲『保護動物』？哼，人類也太沒眼光了！」大公雞不屑地轉過身去，扭動著它那長長的尾羽，離開了大伙，不知不覺來到一片金燦燦的稻田旁。沉甸甸的稻穗在微風中搖擺，大公雞心花怒放，擺出王者姿態得意地說：「稻呀稻，你能

病因①

缺少成分，缺結果補語。

處方

改爲「聽到這消息」。

病因②

詞序不當。

處方

把「竟然」放到「蛙」後。

微恙區

病因③

錯別字。「眯」是微微閉上眼的意思，沒有「看」的意思。

處方

改為「青睞」。

得到我的③青眯，算你走運！」說著便大口大口地啄食起穀子來了。

「公雞大哥，這些稻穀還沒熟透呢，等農夫收割了再給你吃不好嗎？」

「咦，這是誰的聲音？」大公雞側目一看，竟是大嘴巴的青蛙，不禁怒從心上起：好呀，你本來就是我餐桌上的佳餚，今天剛受到人類保護，居然就教訓起我來了，我正想一口把你吃掉呢！但轉念一想，反正他是自己的獵物，先擺擺紳士風度再說。④於是慢騰騰地挪到小青蛙跟前，用嘲笑的口吻說：「我說青蛙老弟，你眞不愧是『莊稼衛士』呀，整天在田裡跳來蹦去捉昆蟲，那麼累，可嘗過稻穀是什麼滋味沒有？」「沒有，那是農民伯伯辛辛苦苦種的，我不能吃。」

病因④

缺主語。

處方

在「於是」後面加上「它」。

「眞是十足的井底之蛙！」大公雞說完，見青蛙不吭聲，又口沫橫飛了：「青蛙老弟，不是我說你，人類對我也太不公平了，竟然把你和我相提並論，叫你做『田雞』，⑤這也太冤了我吧！我可是貨眞價實的鳳凰的後代，而且唱起歌來高亢洪亮，每天普照大地的太陽公公也都是我叫醒的。不是有『雄雞一唱天下白』、『聞雞起舞』之說嗎？那是人們對我的禮贊。所以得到人們保護的應該是我，你怎麼配呢？」

病因⑤

語序不當。

處方

改為「我這也太冤了」。

小青蛙笑了，不以爲然地說：「什麼『衛士』、『保護』這些美譽，我根本不稀罕，我只求能夠盡心盡力地爲人類消滅害蟲，也就心滿意足了。」

公雞和青蛙的對話恰好被路過的黃鶯聽到，黃鶯覺得公雞太過分了，忍不住說：「公雞大哥，你可別小看青蛙，有他辛勤捉蟲，才有糧食作物的豐收，人們也才有稻穀餵你。你聽說過『稻花香裡說豐年，聽取蛙聲一片』這一著名的詞句嗎？不錯，你確實有自己的優點，⑥但你知道自己有缺點嗎？一到晚上你的視力就衰退如瞎子；新谷一上場你就去偷食；還有，你的翅膀已經退化，根本飛不起來，又有什麼値得炫耀的呢？何況無雞天也亮，即使世界上沒有你公雞，⑦太陽公公每天依舊從東方升起。這些淺顯的道理，難道你還不懂嗎？聰明的公雞大哥，請你不要再以『雄雞一唱天下白』而沾沾自喜了！」

聽了小黃鶯的慷慨陳詞，大公雞像是被點了穴似的，怔怔地站在那兒發呆，臉霎時變得通紅，慚愧地低下了頭。自此，大公雞再也不敢盛氣凌人，到處標榜自己了，每天都準時啼晨報曉，而青蛙則繼續在田裡捉害蟲，大家都成了人類的好朋友。

病因⑥

缺必要的附加成分。

處方

在「有」前加「自己」。

病因⑦

副詞位置不當。

處方

把「依舊」放在「每天」前面。

點評

這篇童話告訴我們：每一個人都有自己的長處與短處，不要因取得一點成績而驕傲，而應該謙虛、踏實地做好本職工作。文章通過多種描寫手法賦予公雞、青蛙以鮮明的個性特點，如公雞驕傲、自以為是、盛氣凌人，青蛙謙虛、踏實、不求名利。而恰當地引用古詩詞及成語，更豐富了文章的內容。不足之處是僅憑黃鶯一席話，公雞就轉變過來了，顯得有點簡單化。

書包的自述

瞿思箋

病因①

成語使用不當，此詞指穿好盔甲上戰場。

處方

改為「衝鋒在前」。

我是書包家庭的一員，前年來到小主人家裡。那時，我的大姐①披掛上陣，而我則充當「第四號後補隊員」。現在，小主人也不小了，已是個初一學生，望女成鳳的大主人總逼著她讀書，我們書包也就陪著「受難」，苦不堪言。這記得前些日子，只聽到「嘶——」的一聲，終於，我的三姐也不堪重負，壯烈犧牲。自從我們大家族相繼以身殉業，②我精神上壓力沉重，而我上陣這一天終於來到了，真擔心

會重蹈覆轍。

我曾經是那麼醒目地掛在商店的櫥窗裡，③之後跟著大姐、二姐、三姐來到小主人家，曾經帶著「英雄有用武之地」的驕傲離開同胞們，我的家族曾經也是那麼熱鬧，現在卻「盛筵難再」，只剩下我一個。

我長得與眾不同，身上都是口袋，上下左右中，數數差不多有十個，把我打扮得不倫不類的，彆扭極了。可大姐她們都說我好，這麼多口袋好處多著呢。

大姐曾說，口袋多能放各種東西，水壺、雨傘、鉛筆盒、剪刀、尺等等，如果什麼東西都混在一起，可糟了。上一次一瓶墨水就把她的衣服都弄髒了。二姐也告訴我，書包裡裝的東西太多，書和本子要分兩個口袋放，④否則不但容易弄錯，書的硬角會劃破紙張，小主人發起脾氣時我們就成了「出氣筒」，也只有敢怒而不敢言。三姐說，書包外的兩個口袋是要放毛筆、墨汁的……

如今，大姐、二姐的音容笑貌仍歷歷在目，三姐每晚的嘆息聲仍似縈繞在耳邊。上學期末，三姐繼承二姐遺志，走馬上任。才一個星期下來，就已經傷痕累累，成了「病號」。可小主人不管三七二十一，生氣時拿她出氣；傷心時更是「首當其衝」。一會兒背帶斷了，

病因②

缺少必要的限定成分。

處方

在「沉重」前加上「日益」。

病因③

語序混亂，應先離開同胞再來到小主人家。

處方

改爲「後來帶著『英雄有用武之地』的驕傲離開同胞們，跟著大姐、二姐、三姐來到小主人家。

病因④

缺少關聯詞語。前後爲遞進。

處方

在「書」前加上「而且」。

一會兒拉鏈壞了，有一次居然破了一個大洞。那一階段是模擬考時間，每天三姐帶著一本本參考書上學，揹著一疊疊複習資料回家，休假日也不例外，厚厚的筆記本帶進帶出，兩天假日是在補習班間奔波。小主人唉聲嘆氣，⑤我卻總是聽到姐姐的喘氣聲。夜以繼日，悲劇難免。

這學期輪到我接替工作。開學前的一天，小主人開始往我身上放書，一本，兩本，我駭得閉上了眼，忽然發現小主人停下了。⑥睜開了眼，發現她已幫我繫上了鈕釦，口中念念有詞，嘴角卻似有一絲微笑。扭了扭身子，很靈活，居然不像姐姐們臃腫，後來才知道，「輕減課業負擔」消息下達了，小主人功課學業負擔減輕了，我也沾了光。可沒想到，休假日小主人還是帶著我往外跑，還在我肚子裡塞了不少水果。正納悶，⑦就見小主人把我肚子裡的水果交給了一位白髮蒼蒼的老奶奶手裡。正覺得她面生，可門口字牌告訴了我答案，原來小主人是去慰問孤寡老人了。身上的東西挺重，不過我挺樂意，畢竟我也盡了一份力。

以後的幾個星期，我不再裝書本了，有一次小主人在我肚子裡塞了一大瓶礦泉水，一個麵包，到了一個草青水秀的地方。原來是新落成的中央公園。大片大片綠地，令我心曠神

病因⑤

連詞使用不當，前後不是轉折。

「卻」改爲「也」。

病因⑥

缺主語。

處方

「在句首加上「我」。

病因⑦

搭配不當。

處方

把「手裡」去掉或者把「交給」改爲「放在」。

怡。跟著小主人出來兜風，這是以前大姐、二姐和三姐都從未經歷。好像後來小主人還寫了篇文章呢。

我是書包家族中的幸運兒，不用提心吊膽地挨日子，龍年的春風吹拂大地，我變得更苗條了。

點評

本文是一種自傳體類的童話。文章通過《書包的自述》向讀者講述了書包族的故事。從本文來看，作者的想像力也是挺豐富的。本來作者是要表達「輕減課業負擔」以後的喜悅，但卻沒有像有些同學一樣直寫「輕減課業負擔」以後如何，而是藉想像構思了這篇相當成功的童話。應當指出的是，本文不僅在情節上想像得極其形象生動，而且在大姐、二姐乃至自己和小主人的形象上也想像得真實可感。另外，本文的細節描寫也想像得恰到好處，很值得大家借鑒。

聰明的小刺猬

陳延達

小刺猬生來又弱又小，全靠滿身的刺保護自己，①在大自然裡生存下來。狼則是又凶狠又殘忍的傢伙，滿肚子的壞水，整天打著別人的主意。這下，故事就發生在一棵美麗的紅棗樹下。

狼的運氣壞透了，一連幾天，捕不到東西來塡它的空肚子。肚子癟癟的，②可是滿腦子卻都是壞主意。它一邊走，一邊轉著那雙閃著綠光的賊眼，東尋西找，想捕隻小動物來塡它那飢腸轆轆的空肚子。正在這時，小刺猬也出來覓食了。③它在樹下看到很多紅通通的棗子，高興極了，跑過去就地一滾，全身便掛滿了棗子。說來也巧，小刺猬被狼看見了，但狼不敢吃它，因爲它已經不止一次地領教過刺猬的厲害了。它閃著綠光的眼睛不停地轉動著，不愧爲老奸巨猾，④轉眼間它已經有計除掉小刺猬身上那可怕的刺了。

老狼走到小刺猬跟前，假惺惺地對小刺猬說：「小刺猬，你幹嘛要費那麼大的勁兒在地

病因①
缺少關聯詞。

處方
句首加上「才得以」。

病因②
濫用關聯詞。

處方
去掉「卻」或「可是」。

病因③
語序混亂。

處方
改爲「它看到樹下有很多紅通通的棗子」。

上找吃的呢？你看那邊樹上有那麼多又大又香甜的蘋果，何不用你身上的刺去射蘋果，射下樹上一半蘋果，就夠你吃一輩子的了！」小刺猬一聽，馬上識破了老狼的詭計，但還是很有禮貌地說：「謝謝你，老狼哥哥。我現在已經吃飽了。射蘋果的事，過幾天再說吧。我倒有一件急事，想請老狼哥哥幫忙。」

老狼一聽，有譜啦！忙說：「別說一件，就是一百件我也願幫忙，你說什麼事。」

小刺猬說：「⑤今天想到姑姑家做客，順便帶些紅棗給姑姑吃，姑姑最喜歡吃紅棗啦。但是我去做客，總想把自己打扮得漂亮一些，你說對不？」

老狼連聲點頭說：「對！對！」

小刺猬說：「人家都有金項鏈、珍珠項鏈，可我什麼都沒有。老狼哥哥，你的牙齒又白又亮，拔下來給我做項鏈好嗎，我用了以後會還給你的。」

老狼一聽，氣急敗壞地說：「我沒了牙齒，怎麼能捕殺動物呢，你要把我餓死啊！」說完就灰溜溜地走了。

小刺猬用它的聰明才智戰勝了老狼。

病因④

語意不明。

處方

把「有計」改爲「想出詭計」。

病因⑤

缺主語。

處方

在「今天」後加上「我」。

點評

本文從兩種動物的本性出發，構思出一個弱者憑藉智慧勝強者的故事。通篇用對話來表現，雖然老狼凶狠殘忍，又老奸巨猾，但最終還是被聰明的小刺猬耍弄了一番。從文章的構思不難看出小作者的善良與聰穎。而敘事詳盡，描繪生動又可見其細膩的巧思

饞嘴的狐狸

謝芸杰

病因①
缺少主語。

處方
句首加上「人們」。

冬天的一個早晨，天氣冷極了，樹木都披上了一層銀白色的「雪衣」。①只要張口說話，一股白「煙」就會從嘴裡冒出來。

小貓的外公在初冬的時候，腳扭傷了。小貓去河邊釣了幾條魚，急急忙忙地往外公家趕去，心想：外公的腳不知道有沒有好點了，他老人家看到這樣鮮的魚，一定會很高興的。小貓走到半路時，不巧碰見了狐狸。狐狸本不想理小貓，可是走過小貓身邊時聞到了一陣魚香，就一下子收住了腳步。狐狸想：「正巧，本大爺肚子餓得很，就把那幾條魚騙到手

吧！」此時，就好像有一盤鮮嫩多汁的魚肉正②展現在它的眼前，狐狸饞得口水直流。

狐狸一個急轉身，拉住小貓，柔聲說：「親愛的小貓，你這魚哪兒弄來的？」說完，使勁聞了聞，嘆道：「好香呀！能送我一條嗎？」小貓剛想拒絕，忽然又收住了舌頭，心想：「這狐狸平時爲非作歹，③我今天不但要整它，還不給魚。可有什麼好辦法，可以把這狡猾的狐狸鎮下去呢？」小貓眼珠一轉，立刻想出了一個好辦法，於是，它裝出十分熱心的樣子，說：「狐狸大哥，我這幾條小魚只夠你塞牙縫，我告訴你一個好辦法，你要是自己去釣魚，你想吃多少就有多少！」狐狸忙問：「什麼好辦法？」小貓東瞧瞧，西看看，見四周沒有人了，才輕聲告訴它：「你只要用石頭在河面上砸出一個窟窿來，把尾巴伸進窟窿裡去，然後你坐在那裡等魚兒上鈎就行了！」狐狸連忙道謝，轉身飛快地朝河邊奔去。小貓趁此機會，一走了之。

狐狸來到河邊，照小貓說的去做，砸了洞然後一屁股坐在冰上，一邊釣一邊想著是把釣上來的魚曬成魚乾呢，還是煮紅燒魚，或者做魚湯……狐狸雖然冷得直打哆嗦，可還是忍住了。因爲，④它馬上就可以看見那一條條又肥又大的魚了！想到這兒狐狸不由自主地高興起

病因②

用詞不當。「展現」指顯示出；展示。

處方

改爲「出現」。

病因③

分句位置不當。

處方

應改爲「我今天不但不給魚，還要整整它」。

病因④

語意不明。

處方

改爲「它彷彿已經看見那一條條又肥又大的魚向這邊游來」。

來。這時，它覺得尾巴漸漸加重了，心想：「魚兒應該上鈎了，我拎起來看看吧！」它猛地一跳，想要把尾巴拉起來，結果痛得它連聲叫苦。⑤原來狐狸尾巴凍住了。天色越來越暗，連愛玩的太陽公公也回家了。這時一群獵人來到了河邊，狐狸可急壞了，卻怎麼逃也逃不開。只聽「砰」的一聲槍響，狐狸當場倒下，成了獵人的囊中之物。

病因⑤

語意不詳。

處方

改爲「原來狐狸尾巴被河面上的冰給凍住了」。

點評

本文是一則寓言故事，不但把道理講得清楚明白，而且故事也敘述得形象生動，尤其是對小貓、狐狸的對話和心理描寫更是淋漓盡致。另外，開頭寫天氣冷，用「樹木披上了一層銀白色的『雪衣』」，「人們只要張口說話，一股白『煙』就會從嘴裡冒出來」來形容，寫得很形象，很好地爲結尾做了鋪墊，足見小作者有著較深厚的寫作功底。

螞蟻兄弟

仇嶸剛

在一個小泥洞裡，住著四個螞蟻兄弟，老大叫大腦袋，練就一身鐵頭功；老二眼睛特亮，叫大眼睛；老三耳朵靈，叫順風耳；老四跑得快，叫飛毛腿。四個兄弟平日裡相親相愛，伸張正義，快樂地生活著。

一日，一隻身披黃色鎧甲，背上布滿小黑點的瓢蟲外出尋食，終於在一片茂盛的小樹叢中發現了食物，它撲上嫩葉大嚼大嚥，直把肚皮撐得再也裝不下任何東西了，才倒在一片大葉子上呼呼大睡起來。

就在這時，不遠處走來了螞蟻兄弟，大眼睛一亮：「看！前面有個大傢伙。」「什麼樣？」大腦袋問。「背上黃黃的，還有很多黑點！」「二十八星瓢蟲！」順風耳失聲叫道。「我先走一步。」話未說完，飛毛腿已竄了出去。

「哎喲！誰踢我，眞混蛋。」①瓢蟲一個翻身，突然愣住了，四個螞蟻把它團團圍住，個個瞪大眼睛盯著它。「來者不善，善者不

微恙區

病因①

前後矛盾，「翻身」並不一定會醒來啊！

處方

「翻身」後面加上「起來」。

病因②
人稱代詞不當。
處方
把「他」改爲「它」。

病因③
缺主語。
處方
在句首加上「我」。

病因④
分句位置不當。
處方
應改爲「我只略施小技它們就被矇了，還想在世面上混」。

來！」那瓢蟲心裡就像十五個吊桶打水——七上八下，②但老奸巨猾的他很快鎮靜下來，「不知各位小兄弟有何貴幹啊？」「誰是你兄弟，你這個害蟲！」螞蟻兄弟齊聲說道。「什麼，誤會了，誤會，我不是二十八星瓢蟲，我是七星瓢蟲，是你們的朋友。」「那你怎麼會有二十八顆星？」「這你們就不懂了，那是我前幾天參加昆蟲化裝舞會的時候，用紅果汁在背上又添了二十一顆星。」

「原來如此。」大腦袋笑著說，「歡迎你到我們家做客！」

「不、不、不，我還有事要辦，後會有期！」③還沒說完便「噌」地竄了出去。

「再見！」螞蟻兄弟揮手致意。

「哈哈，一群小笨蛋，④想在世面上混，被我雕蟲小技就矇了，它們哪裡知道，我是世界上最最偉大的天才騙子。」它越想越高興，竟哼起了鄉間小調。

且說螞蟻兄弟正在往回走，忽然順風耳聽到一個微弱的聲音。四兄弟順著聲音走進樹叢，頓時呆住了，滿地都是殘缺不全的嫩葉，大眼睛扶起一片受了重傷的葉子，「你，你們受騙了！」說完，葉子身子一挺，停止了呼吸。

「眞狡猾，太殘忍了！」螞蟻兄弟個個咬

牙切齒，「我們一定要爲樹葉兄弟們報仇！」四兄弟流著淚埋葬了樹葉……

它們終於在另一片樹叢中揪出了這個十惡不赦的大壞蛋。二十八星瓢蟲用盡全力一掙，一躍而上。說時遲，那時快，大腦袋一個凌空鐵頭，「砰」，二十八星瓢蟲尖叫著重重地摔了下來，「哥兒們饒命！」「誰是你哥兒們，你這個惡棍害死了多少好兄弟！」

螞蟻兄弟越說越氣，一擁而上，送它去見了上帝。

「兄弟們！」大腦袋深有感慨地說，「我們險些做了件蠢事。」「瓢蟲有好有壞，⑤二十八星瓢蟲花言巧語把自己說成了益蟲。」大眼睛道。「兵書上曰：『欲知敵，必先究其內，探其本也……』」兄弟們七嘴八舌。「總之！無論我們做什麼事，都要小心謹愼，⑥不要被事物表面假像所迷惑。這樣才不會誤入歧途！」「對！」大家齊聲應和大腦袋的話。

四個螞蟻兄弟高高興興地抬著戰利品回家了。

病因⑤

意思不完整。

處方

後面加上「使我們上當受騙」。

病因⑥

錯別字。

處方

把「假像」改爲「假象」。

點評

這是一則寓言故事。小作者用擬人的方法，通過記敘與描寫螞蟻四兄弟和瓢蟲的言行與心理活動，寫出了螞蟻四兄弟熱情、善良，又嫉惡如仇、善惡分明的性格特徵。瓢蟲的虛偽、詭計多端、凶惡陰險的特點也刻畫得很成功。故事不長，有情節，它生動地告誡人們：要小心謹慎，不要被事物表面現象所迷惑。同時，讀了這則故事，又使讀者增長了關於益蟲七星瓢蟲和害蟲二十八星瓢蟲的知識，這是較一般的寓言故事略勝一籌之處。

舌戰秦始皇

陸葉珍

①當我脫下隱身衣出現在秦始皇眼前時，發現這個暴君比在當年荊軻手持利刃的追擊下還要驚惶。但他畢竟是一世梟雄，很快就鎮定下來，厲聲呵斥：「大膽狂徒，是誰派你來行刺寡人的？」

我急忙作自我介紹：「大王，我來自21世紀，是乘我們最新發明的時間回轉器來的。」

「21世紀？21世紀是什麼時候？」

「也就是今天以後的2200多年。」

「哦，你說你來自2200多年之後，看來，②天下還眞有長生不老。告訴你，我已派人去東海找長生不老藥去了，吃了此藥，我活個2000多年也不成問題吧。」

我想我的那些知識是很難讓這位自以爲是的獨裁者聽明白的，於是也懶得跟他爭辯。我來的目的是想勸說秦始皇放棄建造阿房宮，也

病因①

缺少主語。

處方

在「發現」前面加上「我」。這句話的主幹是我（主語）發現（謂語）。

病因②

缺少賓語。

處方

在句末加上「之藥」。這句話的主幹是「天下（主語）有（謂語）藥（賓語）」。

許③可以救歷史上的人民於水火。於是，我婉轉地說：「大王，聽說你要建造阿房宮，當然這可以顯出你的文治武功。可是你知道，建造一座300里長的宮殿，該消耗多少民脂民膏啊。」

「那算得了什麼？現在整個天下都是寡人的，我想要什麼就有什麼。造了阿房宮，我還要造秦皇陵，我要讓子孫千秋萬代永享太平。」

「那是不可能的。」我衝著秦始皇大喊。

「你說什麼？你敢對寡人不敬？」秦始皇勃然大怒。

「大王你知道嗎？你造長城已搞得④民怨沸天了，孟姜女哭倒長城的事你總該知道吧？」我強忍怒火，仍然動之以情，曉之以理。

「哼，那不過是幾個刁民想造反，編出來詆毀寡人的。我已派人四處查找，一定能抓到造謠生事的壞分子。」秦始皇得意洋洋地說。

「大王，豈不聞防民之口甚於防川，你這樣做會弄得更糟糕。希望大王收回成命。」

「在這個世界上，⑤誰要是忤逆我，便只有死路一條。長城得造，阿房宮要建，放眼天下，看誰有這個能耐與我堂堂秦始皇作對！」秦始皇發出了一陣猙獰的狂笑。

病因③

缺少成分。

處方

句末加「之中」。

病因④

誤用成語。「沸天」是成語「沸反盈天」的省略，形容人聲喧鬧，亂成一片。

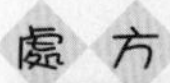

把「天」改爲「騰」。「民怨沸騰」指老百姓的怨氣像開水似的翻騰。形容百姓的不滿和仇恨到了極點。

病因⑤

用詞不當（「忤逆」是不孝順父母的意思）。

處方

改爲「違忤」（不順從，違背）。

「大王，你知道嗎？就是因爲你採取殘暴的政策，不休養生息，你的天下不但不可能千秋萬代傳下去，而且到了胡亥二世就已經灰飛煙滅了。」我又急又氣，結果把歷史的結局也給洩露出來。但我知道要讓秦始皇相信這個結局，那是比登天還要難。我發現秦始皇的臉色越來越難看，漸漸布上了一層殺氣。

哎！沒辦法，看來此次勸說不成。爲保小命，我只好趕緊穿上隱身衣⑥逃之遙遙了。

病因⑥

錯別字。

處方

改爲「逃之夭夭」。夭夭：原形容花木茂盛鮮艷，在此無此意義。原爲「桃之夭夭」，形容艷麗盛開的桃花。後以「桃」與「逃」諧音，借作逃跑的詼諧說法。

點評

小作者將民間傳說與豐富的歷史知識融爲一體，虛構了《舌戰秦始皇》一文。這種虛構，借助科學幻想的翅膀，通過人物的對話與神態，寫得有聲有色，形象鮮明。

全文除了部分成語使用不當、詞彙錯用之外，立意、取材和情節結構，均稱完善。

英魂永恆

陳一俊

我發瘋似的衝向時空飛車，淚水儘管溢滿眼眶，但我強忍著，不讓它們掉落下來。是的，我不能流淚。

「眞理，需用血與火來捍衛！」堅定洪亮的聲音淹沒了燃燒的柴火發出的可怕的聲音。

一個小時以前，時空飛車帶我來到這個充滿黑暗但依稀可見光明的世界。我親眼看著羅馬天主教徒們風風火火地搬動著柴火——他們在這裡準備以①殘無人道的極刑處死偉大的思想家、科學家布魯諾。

我突然停住了奔跑的腳步，回頭遙望，只見百花廣場燃起的熊熊烈火映紅了半邊天空。啊，布魯諾正在忍受著烈火的煎熬！我又依稀聽到了布魯諾堅定的聲音：「眞理永遠存在！你們可以燒死一個布魯諾，但眞理的步伐是任何力量也阻擋不了的！」冰冷，高聳的房屋擋住了我投向百花廣場的視線。②然而，身殘志堅的布魯諾的高大形象卻越來越清晰地浮現在我的眼前。

病因①
錯別字。

處方
改爲「慘無人道」。

病因②
濫用關聯詞。「然而」和「卻」都表示轉折。

處方
去掉「卻」。

「你為什麼要堅持呢？」在宗教裁判所的囚房裡，我迫不及待地問。我希望布魯諾在火刑前能暫時宣布放棄教會所謂的「可怕的思想」，留得青山在，不怕沒柴燒嘛。但布魯諾斷然拒絕了我的提議。

「③眞理絕對不能妥協的。讓我放棄眞理，哪怕只是一種應付的手段，也會使我感到比死還要痛苦。」他那低沉莊重的語調中透露出寧死不屈的傲氣，難怪能嚇壞操縱著生殺予奪大權的天主教主。

病因③

缺少謂語。

處方

在「絕對」前加上「是」。

「那好，你乘我的時空飛車到我們那個時代去。在我們的時代，科學和眞理是至高無上的。你會找到無數的知音和崇拜者。」

布魯諾沒有回答我的建議，而是艱難地用幾乎算不上「腳」的腳，挪到近在咫尺的小窗前。窗外，鼎沸的人聲不絕於耳。可想而知，窗外的「自由人」正爭先恐後地奔向百花廣場，來觀看火刑。

「你聽，」布魯諾幾乎是跪在窗前，如果沒有巨大的精神力量支撐著他，他早就趴下了。「愚蠢的思想，人們虔誠地擁護它。如果我放棄，我一生的努力都將付之東流。」布魯諾用他那開裂發紫的嘴唇吐出清晰而鏗鏘的聲音。

「你不覺得這是一種無謂的犧牲嗎？」

精批

如此鏗鏘有力、堅定不屈的話語充分表露了布魯諾甘爲眞理而犧牲的崇高精神！

病因④

缺主語。

處方

在「放射」前加上「眼睛中」。這句話的主幹是「眼睛（主語）放射（謂語）光芒（賓語)」。

病因⑤

缺少主語。

處方

在「都能聽到」前面加「人類」。這句話的主幹是「人類（主語）聽（謂語）到（補語）聲音（賓語)」。

「不，我相信，我的血一定能給這黑暗如漆的時代帶來一線光明，一定能洗清蒙在人們心靈上的污垢，至少能喚醒一批沉睡的人們。對於我來說，這樣的死，也許比活著更有價值。……未來的人們會相信我，會繼續戰鬥的……」布魯諾的雙眼凝視著低沉的天空，④放射出眞理的光芒。我回轉身，壓抑住心頭的悲憤，堅定地奔向時空飛車。我雖然最終沒能救下布魯諾，但是，能夠聆聽到這位眞理的衛士的教誨，我還有什麼可遺憾的呢？我要離開這個充滿荒謬和邪惡的世界，回到我的時代去，我要告訴人們我的一段奇遇，我要讓每個人都能感受到布魯諾的偉大。

就在時空飛車進入時空隧道的一剎那，我看到了百花廣場的泛泛濃煙中，飛出一隻美麗的金鳳凰，那不就是布魯諾嗎？我欣慰地笑了，是的，布魯諾並沒有死，他在烈火中得到了永生！⑤無論是現在，還是在遙遠的未來，都能聽到布魯諾響亮的聲音——

「眞理，需用血與火來捍衛！」

點評

布魯諾是世界著名的思想家、科學家。想必小作者被布魯諾爲科學而獻身的精神所感動，以致乘著「時空飛車」，來到了當年布魯諾被執行極刑的廣場——百花廣場，目睹了這驚天動地、悲壯的一幕。文章想像合理，人物形象生動鮮明，簡短的幾句話突出了文章的主題。

愚公訪談

楊雪

上世紀末，也就是①21世紀90年代，世界經歷了翻天覆地的第五次科技革命，第一台時空調縱儀誕生了。它的問世，給我們星球電視「先人訪談」欄目帶來了福音。

按預定的計劃，②本期訪談是中國古寓言中的一位頗有名聲的老前輩——愚公。

聯繫和邀請工作業已就緒，從「時空心理部」抽出的三位專家也已各就各位。他們的任務是負責安撫老人，使老人能保持清醒的心理狀態，以順利完成我們的訪談。

微恙區

病因①

時間離現在太近，不容易展開想像。

處方

改爲「23世紀90年代」。

病因②

主語成分不全。

同時，所有的傳聲器都調到「古漢語翻譯」一檔，這樣，無論老人怎樣說話，傳出的都將是標準世界語。

一切準備就緒後，訪談開始。

作為本欄目節目主持人，我異常激動。此時，③從時空調縱儀上出來了精神矍鑠、神采奕奕的愚公，並與我開始了對話。

「愚公先生，請您講述您目前正在進行的、讓世人震驚的事蹟，好嗎？」

隨著愚公的描述，時空調縱儀上的大螢幕上映出大山、小屋、愚公一家以及原始的挖山工具等畫面。之後，畫面又推移著出現了海洋、通往海洋的崎嶇而漫長的路，以及愚公的子孫們在路上奔波的身影。

在此期間，除了個別在場觀眾提出一些細節上的獵奇性質的問題以外，講話進行得很好。

④當我們看到愚公白髮蒼蒼的兒子的時期，有一名觀眾發言了；「我是國家能源局的，」他自我介紹道，「愚公先生，請您看這組數據。」接著，他啓動自己座上的遙縱桿，在大號螢幕上打出他的計算過程及結果，它們是移山與搬家的時間和能量損耗的對比。「據計算，移山的舉動對於自然能源和人力資源都是極為嚴重的浪費，」這位神情嚴肅的中年男

處方

在「是」前加上「人物」。這句話的主幹是「人物（主語）是（謂語）愚公（賓語）」。

病因③

動詞使用不當。

處方

把「出來」改為「走出」。

病因④

詞義範圍不當。「時期」是一段時間。

處方

改為「時候」。指某一點時間。

士說，「首先是糧食，其次還有水和藥材、紡織材料、生產工具等。而落後的勞動方式，時效性和收效率更是無限趨近於零——請大家注意移山項和搬家項下這一對對天壤之別的數據，移山的無用功耗費率驚人。在這樣懸殊的對比下，請愚公先生解釋您的選擇。」

愚公目瞪口呆，隨即現出一副⑤不可理喻的表情，傳聲器裡傳出他激動的聲音：「我家祖祖輩輩都住在這裡，明明是山擋了我的門，又不是我遮了山的面，明擺著是山的不對，當然應該把它們倆移開，怎麼我倒該搬家呢？再苦再累我也認了，人活著就是爲了爭一口氣呀！」

話音未落，電腦螢幕上又出現了一組數據，是愚公一家的能力測定結果。一位年輕學者模樣的女士站起來：「您好，愚公先生，我是聯合國社會學研究中心的。據測定，您的兒子適合做鐵匠，大孫子有望成爲頗有成就的木雕藝人，二孫子有裁縫天賦。最值得注意的是，您的第三代長孫智商可達大學士之位！而你卻勒令他們全部去挖土刨石做搬運，侵犯了他們發展的權利與選擇的自由，導致他們的精神遭受到不同程度的分裂性摧殘。有的得不到發掘，處於準虛空狀態；有的由於長期抑鬱，加上信念損失，漸趨麻木。他們的配偶及兒女

病因⑤

用詞不當。「不可理喻」指不可以用道理使他明白。

處方

改爲「難以置信」。

也被間接剝奪獲取更佳生活條件的權利。此外，⑥他們本應爲人類社會做的貢獻也幾乎全部勾消，卻枉然活在既定的物質平衡狀態中，這又是另一個角度的浪費行爲。對此，愚公先生，您不覺得自己罪責不小嗎？」

⑦愚公唇下的髫鬚微微地顫起來，「百善孝爲先，不孝之物，連人也算不上，還談什麼其他作爲！是我家的子孫，就得先把家事做好，家裡的事不管，還算什麼孝子賢孫！」

「好吧，即便是這樣，」又一位觀眾的聲音洪亮地揚起來——這位看起來還是名學生，「請問，⑧爲什麼要把挖下來的土石都塡到海裡去？您知不知道塡海造陸的危害？您一家人受移山之害是小，這種塡海行爲發展下去，卻會危及全球！」

說著，他啓動搖縱桿，開始用全息影像進行模擬。頓時，我們的演播室擬化成了一片海區，呈現出全息影像所特有的逼眞。只見海上漸漸塡出了一片陸地，已經明顯呈鹽漬化狀態，壓縮了空間的海洋，水位被迫上升。然而，漲潮了，潮水嘶吼得異常憤怒，翻滾著向礁石和沙灘拍打而來。突然，一片暗藍色的泛著泡沫的水嘩地向愚公凶猛地撲去——

「啊呀！」愚公面如死灰，癱倒在地。

經過醫務人員的搶救，愚公很快蘇醒了。

病因⑥

錯別字。

處方

把「勾消」改爲「勾銷」。

病因⑦

標點符號誤用。

處方

把「，」改爲「：」。表示下面有話說。

病因⑧

缺主語。

處方

在句首加上「您」。這句話的主幹是「您（主語）塡（謂語）到（補語）海裡（賓語）」。

那位觀眾毫不罷休地繼續說：「人爲地大規模破壞地貌，將使自然災害增多。當然，你們這兩座山不會造成這麼嚴重的後果，但也會使局部有用的淺海區遭到徹底破壞，海裡一片頗具規模的珊瑚存活區將因泥土污染招致覆滅，⑨其它生物的生存亦將受到波及性影響。請問愚公先生，您認爲山的阻擋侵犯了您的生活權益，可您的塡海行爲卻侵犯了更多的生命的權益，甚至沿海居民也不得不爲此奔波遷徙，對此您是如何考慮的？更關鍵的是，你們所起的典範作用，將會造成盲目的模仿行爲，以致嚴重危害環境。而這一切，都是出於您的意氣用事，不思變通，一意孤行。正像前面兩位叔叔阿姨所說，您剛愎執拗的以己爲先的觀念，不僅涉及社會人文學問題，還隱伏著引發環境危機的危險因素，因此，我呼籲，愚公先生，您必須立即停止移山工程！」

看著那冷汗未乾、張口結舌的老人，我只覺得過意不去。早知如此，眞不該提議把他請到這兒來。某些落後的古代觀念無法與22世紀的人權觀、價値觀和道德觀相匹敵，非歷史學專業的觀眾都難以領會和接受歷史上那些客觀而必然的愚鈍，而愚公，我相信他更無法理解眼前這飛來橫禍般的莫名其妙的⑩刁難。

演播室裡的自動防噪器發出了「安靜」的

病因⑨

錯別字。

處方

把「其它」改爲「其他」。

病因⑩

用詞不清。「刁難」有故意爲難，故意找碴的意思，但從全文來看，卻非此意。

處方

改爲「責難」。

信號，消除了一時的騷動局面。愚公這才戰戰兢兢地開口道：「不移山，那我怎麼辦？」

「搬家！」「搬家！」……大家異口同聲。

「請注意！」我說，「歷史不可更改，即使是神話中的歷史。它畢竟曾經激勵了無數代的中國人，不可否認，這個故事在它所處的歷史階段是有進步意義的。」

「主持人小姐」，一名高個子觀眾站了起來，「如果一定要移山，也不能把山移到海裡去，更不能允許盲目浪費與侵權行爲再繼續下去。我是國家宇航局的，我可以聯繫航空基地，啓動一艘貨運飛船，把山體整體卸離，裝運到月球，填補隕石坑。」

在一片贊同聲中，聯繫工作立即進行。⑪航空基地很快把飛船調派出來，在我們節目尾聲的掌聲裡踏上了航程。

現場訪談結束了，又是一個精彩的節目。

至於後來怎麼樣。《愚公移山》裡寫著呢：上天派來神仙，把兩座山搬走了……

病因⑪

句子雜揉，缺主語。

處方

在「踏上了航程」前加上「飛船」二字。否則就變成「航空基地踏上了航程」了。

點評

本文以類似現實生活中電視欄目《焦點訪談》的形式，給一個古老的話題賦予了新的意義；同時，作者的訪談內容很符合現代人的思維取向，構思巧而沒有造作之嫌，是一篇較爲成功的想像作文。但是，文章結構似鬆散一點，對話內容欠精練。

與蒲松齡侃談

周仰

當今社會，科學正高速發展。前不久，一位Y君研製出了時間機器，可以讓人訪問任何一個歷史年代，任何一位歷史名人。更令人大喜過望的是他竟然選中我們學校進行試驗！爲了爭取惟一的試驗名額，同學之間進行了空前激烈的競爭。憑著多年積累的深厚歷史知識，我動用了一切能用的手段，終於成了幸運兒。

試驗的日子終於在興奮、緊張中到來了。我被塞進了一只僅能容身的金屬容器中。由於我從小愛聽鬼怪故事，①所以毫不猶豫地在訪問預製器上按下了年代按鈕：時間：清朝初

病因①

缺主語。

處方

在「所以」後加「我」。這句話的主幹是「我（主語）按（謂語）下（補語）按鈕（賓語）」。

年；地點：山東淄川。在巨大的轟鳴聲中，我在一片漆黑中不由自主地翻滾。突然，眼前一亮，我被一股巨大的氣流推了出去，摔在一片碧綠的麥田裡。

時值黃昏，周圍沒什麼人，只遠遠瞥見對面的山坳裡飄著縷縷炊煙。有炊煙必有人家，於是我沿著一條田間小道，走近了村口。

只見前方有一大堆人，不曉得圍著什麼。我走近前去，原來是個小茶攤。攤主是一位身穿青布長衫的老者，正和周圍的農夫一同聚精會神地聽一個人講故事，②那個人邊講還邊不停地記錄著。我仔細打量他：微微上挑的眉、銳利的眼神、留有墨痕的手……莫非他就是……

待那人說完，農夫們扛著鋤頭散開後，③我才走上去，作揖道：「先生可是蒲松齡？」

「正是。請問姑娘是何許人？爲何認得老夫？」那老者驚異道。

「我是三百多年後的人，特地坐了時間機器回到17世紀來拜訪您。」

「何爲時間機器？」他迷惑地問。

「簡單地說吧，就是能夠讓人們回到任何時間、見任何人，不管是中國的，外國的，在世的，已故的，都能見著。」

病因②

語意不詳，有歧義，「那個人」指誰？

處方

改爲「老者邊聽還邊不停地記錄著」。

病因③

缺少成分。

處方

改爲「我才走上前去」。

「難怪你這等怪誕打扮，原來是未來之人。」先生似乎恍然大悟道，「但爲何要來拜訪我？」

「您的《聊齋誌異》在我們那個時代是④精典名著，我實在是非常愛看，所以就來拜訪先生了。」「慚愧，慚愧，老夫的遊戲之作，竟能存世於三百年，可謂『流毒之深』也。」先生遲疑了一會兒，忽然問道，「咦，你是個女孩兒，怎麼識得字呢？」「先生有所不知，我們的社會，不論男女、不分貴賤，年滿六歲，統統上學。小學六年、國中三年、高中三年，如果有條件，再上大學讀四年。像這樣，先生以爲如何。」先生邊聽邊飛快地記錄著。嘻，難道我的造訪也能被寫進《聊齋誌異》？

「有教無類，誠其善也。⑤你們的制度要好於我們。我們只有男子、並且要較爲富貴的人才有資格讀書。你如果生活在我們的年代，是讀不了書的。」先生感嘆道，「我們這些人讀書是爲了去參加科舉考試，有鄉試、會試……一輪又一輪。我們這些考不取的呢？還不是衣食不保，多年的書讀來無用，只能靠在私塾裡教娃娃們讀書來糊口。」

⑥「先生雖然仕途不利，但卻是有眞才實學的。其實我們的考試也多如牛毛。從小學到

病因④

錯別字。

處方

把「精典」改爲「經典」。

病因⑤

省略不當，「我們」是人稱代詞。與前面的中心名詞制度，非同類事物，根本就不能做比較。

處方

句末加「的」。

病因⑥

濫用關聯詞，「卻」與「但」意思重複。

處方

把「卻是」改爲「確實」。意思還能得以強調。

精批

細節刻畫很到位，說明小作者構思很細膩。

高中畢業，我們要經歷40多次大型考試，而期間的小測驗、小練習則更不計其數。」我嘆了口氣。

先生聽了這些，驚得瞪大了眼睛，手中的筆也停在了紙上，留下一個大墨點。「這，這與我們的科舉考試比起來，簡直有過之而無不及嘛！」先生驚呼道。

「是啊，我們這些學生哪，眞是苦不堪言，整天就只知道考試、成績，彷彿考得好，就前途無量似的。哪怕你有眞才實學，只要偶爾一次考得不好，也會頓時覺得前途暗淡。就說先生您吧，縱然才華橫溢，在我們的時代，也不一定能混得個好飯碗！」

「是嗎，那不是跟我們的科舉制度差不了多少嗎？」「正是……」

「嘟、嘟、嘟……」腰間的呼叫機突然急促地鳴叫起來。不知不覺，半天時間過去了，約定回去的時間到了。我眞想在這兒多留會兒，聽聽先生又有哪些新的狐仙鬼怪故事。但沒辦法，我還有兩篇作文沒完成，明天還有三場考試等著我，我不得不回去了。「哎，怪哉，怪哉，春光明媚的時節，哪來的蛐蛐？」先生把我的呼叫機當做蛐蛐叫了，正低頭在地上尋找呢！我也來不及向他解釋了，趕緊向先生告別：「先生，我的時間到了，我要回去

了。再……」還沒等我把「見」字說出來，⑦就被一股巨大的力量吸到了空中。我低頭瞥了一眼蒲老先生，他正張著嘴，吃驚地看著半空中的我。我正想向他揮一下手，可眼前突然一黑，什麼都看不見了。

「鈴……」一陣熟悉的鈴聲在我耳邊響起，我睜眼一看：鬧鐘指向六點半，起床的時間到了！⑧噢，這「南柯一夢」還有點意思！不過現在要緊的是趕快起床，不然，上學非遲到不可。

病因⑦

缺主語。

處方

句首加「我。」這句話的主幹是「我（主語）被吸（謂語）」。

病因⑧

語句雜糅。

處方

改爲「噢，原來是『南柯一夢』，不過還眞有點意思」。

點評

本文作者以汪洋恣肆的文筆給我們描繪了一幅神秘的畫卷。作者首先是借助想像，以一種時間機器爲媒介將三百年濃縮爲一點，形象地反映了一個社會主題——關於古今考試的批判。除此之外，作者對人物形象的想像，對情節的想像，對人物生物環境的想像莫不合情合理。從這兒我們可以看出作者想像力之豐富。應當著重指出的一點是，本文由於突出了一個「侃談」二字，因此，文章內容如天馬行空，這爲想像更加提供了一個發揮的空間。

魯提轄巧遇美猴王

程敬原

話說魯提轄三拳打死鎮關西後，收拾好行李，直奔南門，逕自走了。

次日來到一座山前，見山中大小猴子約有萬隻。①即有飛泉流瀑，又有花草果木。魯達不禁讚道：「好一座仙山！」信手掰了一塊煎餅向一小猴擲去。小猴接住，正欲塞進嘴巴，只見一老猴從數丈開外撲將過來，惡狠狠地搶過煎餅。魯達一見，不禁火起，掄起拳頭打將過去，喝道：「咄！你這強盜，快將煎餅還與小猴。不然，別怪洒家手下無情！」老猴捂住腮幫曰：「②何方人氏？快快通報於我猿猴大臣！」魯達道：「我乃魯達是也。你這強盜也配作大臣？」那老猴一臉怒氣：「怎地不配！我少說也有八代子孫。大臣乃我家大王所賜，誰敢不服！小的們，上！將他捉了，送與我家大王烤了吃。」魯達怎忍這氣，右手只一擺，就把圍上來的小猴甩開數丈，揮起拳頭衝老猴胸口又是一下。打得那老猴直翻白眼兒，踉踉蹌蹌跌倒在地，連滾帶爬稟報大王去了。

病因①

錯別字。

處方

把「即」改爲「既」。「既……又」是固定搭配。

病因②

缺主語。「何方人氏」是「哪裡的人？」句首無主語。

處方

句首加「你是」。

魯達正抽身要走，只見一大猴頭戴鳳翅紫金冠，身著鎖子黃金甲，腳蹬藕絲步三履，圓睜火眼金睛，從天而降，擋住去路。怒喝道：「站住！為何傷我臣民？」隨即從耳中拔出繡花針，迎風一晃，繡花針變得丈餘大，不由分說打將過來。魯達揮拳相迎，打得好不熱鬧！殺了有兩個時辰，魯達道：「你是何許人也，竟有這般武藝？」悟空道：「說了，只怕嚇破你膽！我乃齊天大聖孫悟空是也！」魯達即刻收拳回嗔作喜道：「噢，原來你就是降妖除怪的美猴王呀，請受我魯達一拜。」③孫悟空慌忙上前扶起，跪拜道：「失禮，失禮啦！未想到你就是三拳打死鎮關西的魯提轄！恕罪，恕罪！」眾猴見大王與魯達親如摯友，便蜂湧上前，七嘴八舌地說明了來龍去脈。美猴王一聽，即刻下令免去老猴「猿猴大臣」之官位，責令其悔過，何時改掉惡習，再放歸山林。眾猴們歡呼跳躍，一蹦三尺高。悟空提高嗓門揮手道：「別光顧高興，快快準備瓜果菜餚，請提轄用膳。」

眾猴即刻捧出紫紅的葡萄，香甜的梨棗，④黃森森的枇杷，紅艷艷的楊梅。魯達連忙謝道：「免了，免了。今日路過花果山，有幸巧遇孫大聖，方知大聖不但降妖除怪聞名天下，且訓管部下也毫不偏袒，法紀嚴明。佩服！佩

病因③

缺少賓語。

處方

句末加上「魯達」。

病因④

形容詞有誤。

處方

應該用「黃燦燦」或者「黃澄澄」。「森森」是用於「陰森森」。

服！待來日我魯達結了鎮關西這場官司，再來花果山做客不遲。天色已晚，我得上路了。」

悟空率眾猴送魯達至花果山下，依依惜別，好不情深！

點評

經典相聲中有一段叫《關公戰秦瓊》，嘲諷反動軍閥的無知和愚蠢。本文魯達遇行者卻是另一番用意。首先我們可以設想，小作者看過《西遊記》和《水滸傳》，被書中生動情節和精彩文筆所吸引，不禁加以摹擬，演化出一段融兩書風格於一爐的「西遊水滸合傳」，作爲寫作練習，應該說是一種有益的嘗試。其次，作者又是用一段誤會和不打不相識的傳統寫作風格，用自己的文筆，再次刻畫了兩位古代英雄人物，既表現了美猴王的法紀嚴明，又表現了魯提轄的嫉惡如仇，好打抱不平。當然也表現了二人武藝高強和英雄間的互相敬重。總體上又表達了小作者對兩位英雄人物的敬重之情。想像有多種構成方式，將不同時空的人物、事件揉搓在一起，本來就是想像的一種重要方式。古代歷史小說中，爲了塑造某一人物形象，突出某一特點，就常有將別人的事蹟拉扯至他人身上的做法，雖然有張冠李戴、移花接木之嫌，但卻創造出光彩的典型形象。本文類似這種「想像」，不妨說，這也是寫作構思訓練的一種有益的形式。

梁山好漢開店

徐超

一日，吳用對宋江說道：「如今山下①經營下海鬧得火熱，不少兄弟都眼紅，我們何不開一家國際酒店？一來賺點外快，有一個穩定的收入；二來挖掘兄弟們的潛能，好使他們日後能獨立謀生。」宋江猶豫片刻道：「好是好，可咱們哪是那塊料。」吳用笑道：「俗話說『靠山吃山，靠水吃水』，有水泊梁山這個金窩，憑咱們兄弟的本事，開一家酒店，不在話下。」吳用見宋江仍在猶豫，明白了其中原因，說道：「酒店開業後，你當董事長兼總經理。」宋江大喜②，「OK！就這麼辦，籌備的事，交給你了。等等，咱們酒店取什麼名？」吳用胸有成竹地說：「借用明星效應，暫定『梁山國際酒店』。」

酒店的籌備工作開始了，首先得有營業執照，可梁山是不法組織，有關部門不肯頒發。好在梁山人才濟濟，吳用叫「聖手書生」蕭讓，從「國家明星企業」一直寫到「xx鄉xx村xx胡同文明單位」，讓玉臂匠金大堅從「國

病因①

用詞不當。「經營」為及物動詞，後面必須加賓語。

處方

改為「經商」。

病因②

標點符號不當。直接引用別人的話用冒號。

處方

改為「：」。

家商貿局」一直刻到「xx居委會」。直貼得牆上「天昏地暗」，蓋得紙上「日月無光」。

接著讓孫二娘、扈二娘、顧大嫂成立了公關部，率領一班人馬，乘著「梁山」號專機，打著「梁山環球影視實業有限公司」的幌子，走南闖北的「掠美」去了。

大局初定，盧俊義出任總裁一職，吳用自任董事會常務理事長。

這麼大一家酒店，保安工作不可忽視，好在吳用知人善用，讓李逵走馬上任擔當保安部主任一職。瞧「黑旋風」那對板斧，誰還敢搗亂？此外，③還有一個好處：這蠢傢伙，都什麼年代了，還那麼講義氣，每天只需給他幾碗酒，連工資都免了。

其他人坐不住了，紛紛投標酒店其他項目，好一個「八仙過海，各顯神通」。

「轟天雷」凌振當起了禮炮隊隊長；「白日鼠」白勝和「鼓上蚤」時肩挑起了採購部的重任；曹正以及朱富等幾個兄弟帶著蕭讓炮製的「一級廚師」的證書，風風火火地掌起大勺來；樂和、燕青則辦了一個點歌台，負責伴唱和演奏搖滾樂；林沖「投槍從融」，憶苦思甜地增添了幾間「山神廟」雅座；「神算子」蔣敬當仁不讓地擔綱財務部經理，隨著④帳目的快速增長，幾把算盤已對付不過來了，最近，

病因③

缺主語。

處方

句首加「聘用他」。

病因④

錯別字。

處方

改爲「賬目」。「帳」指「用布、紗或綢子等做成的遮蔽用的東西」。「賬」指「關於貨幣、貨物出入的記載」。

吳用派他去美國微軟總部學習電腦和財務應用軟件；「神行太保」戴宗就頗委屈了，大材小用地端起盤子來⋯⋯

吳用以「讓顧客吃好、喝好、玩好」爲宗旨，⑤請武松建了一座「景陽崗樂園」，遊客也體會到荒野中獨行的氣氛，酒醉後打虎的刺激；請魯智深、花榮和張清成立了雜技團，讓遊客們欣賞到令人膽戰心驚的特技表演；張順接著打出了「浪裡白條游泳池」的招牌，自己當起了游泳教練；游泳池旁邊則是阮氏兄弟們開的「梁山泊水上樂園」；「入雲龍」公孫勝藝高人膽大，獨自承擔「梁山國際機場」項目⋯⋯

梁山好漢開店的消息傳出後，四海嘉賓來往絡繹不絕。

不久，梁山國際酒店聞名遐邇，好不興旺！

看到梁山好漢們這麼風光，高俅心裡挺不是滋味，在朝廷上奏了國際酒店一本——「今梁山不法分子，妖言惑眾，開梁山黑店，國民苦不堪言，⑥國有企業蒙受巨大損失⋯⋯」

不說倒罷，一說高俅就慘了。皇上龍顏大怒；「好你個高俅，你率領的國家足球隊三番五次都衝不出亞洲，我沒怪你，你今天居然還在這裡⑦癲倒是非！我已經去過梁山酒店了，

病因⑤

缺謂語。

處方

在「遊客」前加「使」。

病因⑥

主語缺失。

處方

在「國有企業」後面加「財產」。主幹是「財產（主語）蒙受（謂語）損失（賓語）」。

病因⑦

錯別字。

處方

把「癲」（精神錯亂）改爲「顛」（位置相反）。

他們的總統套房，那才符合我的身份；還有他們一次就上交國稅幾億元；還有他們不到一年的營業額比我們國有酒店同期總額還多；還有……」

高俅在罵聲中灰溜溜地退下了。他不死心，又去找皇上的寵妃，希望她能吹吹「枕邊風」。碰巧那位寵妃剛穿上新衣服，心情特別好，高俅暗喜，剛想開口，那寵妃對著鏡子笑道：「高愛卿，你瞧那梁山『通臂猿』侯健的手藝眞不錯，⑧多時髦多合身啊，你有什麼事？怎麼走了。」

病因⑧

缺少主語。

處方

前面加上「這衣服」。主幹是「衣服（主語）時髦合身（謂語)」。

高俅接著去找蔡京，蔡京的家人告訴他：「老爺子乘機去梁山找神醫安道全按摩去了，一個月後回來。」高俅苦笑道：「回來也沒用了。」

第二天，高俅呈上辭職信，告老還鄉。回鄉途中，他不願坐品質最好的「阮小七」號遊輪，改坐他旗下公司經營的「海鮫」號，走了一半，船板漏水。在嚥氣的最後一刻，高俅才想起他這艘船是從「鐵達尼號」造船公司購進的……

點評

本文是一篇幽默、詼諧的佳作。作者發揮了自己超人的想像，化古爲今，重新塑造了一批新梁山好漢的形象。應當指出在利用想像塑造人物群像的同時，也是在客觀地反映社會生活，並對當今社會有諷喻的作用。從文章來看，作者在想像時對梁山好漢的性格把握的還是相當好的。與此同時，作者所設計的情節也極富有浪漫的色彩。如果我們將《水滸傳》的末章刪去，會不會是梁山好漢一個好的結局呢？

南郭先生巧遇東郭先生

吳啓亮

話說當年南郭處士爲齊宣王吹竽，混跡於眾人之中合奏，會吹的吹響點，不會吹的就假吹，裝模作樣，只要不出聲音，沒人分得清，倒也在大鍋裡混得個酒足飯飽。誰料宣王死後，他的兒子要聽獨奏，南郭處士自知混不下去，連夜溜出京城，發誓不再吹竽，免得遭人羞辱，遂隱姓埋名，到鄉下種菜去了。

斗轉星移，當年的南郭處士如今已是兩鬢

病因①

缺主語。

處方

在句首加「他」。

精批

此段描寫，語言優美，用詞恰當，表現出了南郭先生歸於平淡生活的悠閑自在。

如霜，鄰里尊稱爲南郭先生。先生雖不習竽，卻從車水插秧、種瓜種豆中領略到人生節奏的韻律，種瓜得瓜，種豆得豆，自食其力，小日子過得踏實舒心。在鄉下沒有電視看，①便哼哼那幾首聽熟的老調子，天長地久，倒也哼得有滋有味，合著旱田的活計，伸腿舒臂，彎腰側頸，既活絡筋骨，又陶冶性情。鄉下空氣新鮮，飲食清淡，暮寢晨出，生活有了規律，思想沒有負擔，看上去鶴髮童顏，神采奕奕。偶爾幾個小生纏住來一曲，先生高興，擊掌代鼓，咿咿呀呀哼一段，直讓人如癡如醉。

忽一日有小生來告：城裡來鄉下舉辦大型音樂會，全是吹竽的，說是慰問山區老百姓，看戲不要花錢。先生茫然：莫不是哪個皇上自己不聽竽，喜歡樂隊下鄉鼓吹？

先生換了身清爽長衫，趿上當年在宣王面前穿過的履，對著面盆理了理稀疏的鬍鬚，這才上路，往村裡那片空地走去。老遠就聽見一片熟悉的鼓樂聲，先生加快腳步，終於從鄉親們閃出的狹縫中擠到近台，不看猶可，一看卻大大驚訝。幾十支竽金光閃閃，每人面前還有一個架子放著什麼，吹一會兒竽就翻一張紙，頂神氣的要數屁股朝天的瘦子，長袍子的後片還開了條口子，一抖一抖像隻雙尾蛐蛐，拍著根小棒棒比比畫畫，忽見小棒棒猛地一按，全

場鼓樂戛然而止，長袍子一扭，轉過身來的竟是東郭先生！哇，多年不見，東郭先生居然混起班子，幹起拋頭露面的事來了。

東郭先生也看見了南郭先生，②點頭示意到後台相見。

東郭先生吩咐一個肥仔端來功夫茶，仔細地做了一番，方才敬上一小杯，濃香撲鼻，只是不知這一點點如何就能解渴。南郭先生喝下一杯，只覺得幽幽的一股清香直逼腦門，精神一振，話兒就扯開了：「好茶！此茶待客，可非尋常身家擔當得起，您老手頭可寬裕啦！」

東郭先生滿面紅光：「這茶算什麼！不瞞你說，人只要活絡點就有路走。想當年我救了狼的命，那畜牲卻要吃我，好在來了個老農民幫我打死它，我才有命活到今天。我把那條狼背到集市賣得二兩銀子，小本經營，做起了買賣，憑良心做生意，也沒想發財，日子過得夠清苦。直到前幾年，見牆上的報紙寫著要一切向錢看，不管幹什麼，只要不犯法，賺錢就是本事，我這才動起了腦筋，先前還小心翼翼，後來就大著膽子幹，短斤少兩，以次充好，假煙假酒，假糖假藥，山頂牛毛，洋底魚腦，胭脂花粉增高減肥，龜膠鱉液萬全大補，什麼賺錢賣什麼，那銅鈿就像長了腿，專往我這兒跑。我賺到十個送七個，送掉七個又能賺二十

病因②

句子成分殘缺。

處方

在「示意」後加「讓南郭先生」。

精批

作者借東郭先生之口道出了現實社會眞實的一面，其中對商人心理的轉變，更是揣摩得合情合理。

個！如此生意越做越大，錢莊都爭著向我放款，我也借一點裝裝門面，其實還愁錢沒處花呢。」

東郭先生呷了口茶，露出一臉笑容：「於是我捐款、贊助，當小老板代表，出入衙門，與道台、撫台把酒，高談闊論，桑拿、泡腳，逢高興來一曲卡拉，天生的跑調還能得個滿堂喝采！前些日子我突發奇想，贊助一個吹竽的樂隊，到外頭走一遭，風光一番。消息一出去，馬上有人找上門來，原來是當年在齊宣王那兒吹竽的一幫子，如今空有一手技藝，無人欣賞，迪斯可、搖滾不想學也學不了，樂隊裡有本事的忙著下海，趕場掙大錢，他們卻齊班班辭職，只拿辭職補貼，日子過得苦苦的。我這一去可把禮部尙書樂壞了，③老員工問題解決了，樂團又有管理費收入，還舉荐我當吹竽團團長呢！」

南郭先生大惑：「您老五音不全，韻律不通，如何當得團長？」

東郭先生不屑地斜了南郭先生一眼，「④這你就差矣！那幫老傢伙惟恐我興致一淡拂袖而去，硬是拉我當指揮，我就像先前敲鑼賣糖那樣學著打拍子，幾天練習，⑤出脫得像眞的本科生，往台上一立，他們照樂譜吹，我跟著打拍子就成，這不，樂隊離不開指揮，更離不開錢，我出了錢，我就是指揮，錢指揮竽

病因③

缺少必要的限定成分。

處方

在「老幹部」後加「老有所養的」。

病因④

語句雜糅，半文不白，很彆扭。

處方

改爲「此言差矣！」或者「這您就錯了！」

病因⑤

比喻不當。

處方

改爲「弄得像科班出身」。

嘛！」

南郭先生自愧不如，但又爲東郭先生擔心，「您老這樣下去，大把花錢，沒有進賬，豈不是坐吃山空，有了面子，沒了裡子？」

東郭先生詭秘一笑：「你眞是鄉下老朽了，如今是什麼氣候？最時髦的是包裝自己。我花錢義演，爲的是弘揚國粹，保護即將失傳的神州禮樂！你看，新聞媒介炒熱了，名聲響了，城裡的場子、聽眾也就有了，自然有大人物幫我安排演出、推銷門票。到那時有這麼多教授級的老樂師爲我賣力吹竽，何患無利可圖？！」

東郭先生望著南郭先生木愣愣的樣子，一邊掏洋煙給南郭先生，一邊爽朗地說道：「老兄呀，你我雖無深交，但在連環畫裡卻天天見面，總是被人恥笑，也算得上同是天涯淪落人了，如今我拉你一把，到我吹竽團來，幹老本行，混在一起吹，只要不出聲，誰也不知覺。我有一流的音響設備，即使大家都不眞吹，我的高保眞數碼音響也能把聽眾擺弄得⑥服服帖帖，比起那些假唱的歌星來，我這個假吹可就容易多啦。」

聽到這兒，南郭先生已坐不住。

「天色不早了，我還得回去種菜。」說著，南郭先生頭也不回地走了。

微恙區

病因⑥

用詞不當。

處方

改爲「舒舒服服」。（「服服帖帖」指順從、妥當）。

點評

兩位先生的相遇本來不易，作者又獨出心裁地將兩人的性格來了個180度的大轉變，圓滑的變得天眞善良了，善良迂腐的卻變得世故狡詐了。由此可見，伴隨社會的發展，人們的觀念也會隨著對物質追求的增長而發生改變。

全文構思巧妙，情節誇張，細節描寫、語言描寫使文章生動幽默，人物的形象也鮮明突出，給人留下深刻印象。

豬八戒回高老莊

肖琴

病因①

缺少成分。

處方

在「請示」後加「讓他回高老莊看看」。

豬八戒保護唐僧到達西天後，心裡一直想著他那個高老莊的漂亮媳婦。終於有一天，①他禁不住思念之情向如來佛祖請示。如來佛祖念他一片相思之情，便答應了他的請求。

哈哈，這下豬八戒可樂了，扛著那把釘耙，挺著那個大肚皮，大搖大擺地起程了。回到高老莊後，老丈人見他的女婿如今有了名氣，便極力巴結他，叫自己的女兒翠蘭好好侍

奉八戒。

老丈人邀請八戒到家吃晚餐，並拿出八戒臨走時最愛喝的陳年老酒來招待他。②豬八戒正想借此機會顯示自己看到的事物，好在老丈人面前吹噓吹噓，就裝作不在意地瞟了一眼，說：「這也叫酒？人家西天那個才算酒啊！」老丈人聽了，好生尷尬，只好朝夫人一使眼色，夫人便端出來一碗香噴噴的八寶飯，八戒聞著那股香氣，口水都流到了嘴邊，可是想到自己的身份，便又嚥下了口水。八戒瞧了瞧八寶飯，又發話了：「這算什麼，③這東西在西天像爛瓜兒。」老丈人眼睛瞪得圓圓的，氣得鬍子都翹起來了。晚飯過後，翠蘭挽著八戒粗壯的手開始散步了。翠蘭指著天上的雲霞說：「夕陽好美。」豬八戒正想趁此機會來顯示自己的見識，好讓媳婦誇誇自己，便說道：「夕陽，這叫什麼夕陽？西天的才叫夕陽呢！」

沒想到，這話不說還好，一說就亂了套。翠蘭終於按捺不住氣，指著八戒罵道：「你說高老莊這個不如西天的，那個不如西天的，你爲什麼還回來呢？乾脆回西天去吧。」豬八戒見自己的媳婦發怒了，④只好搭拉著腦袋，委屈地說：「如來佛祖不給戶籍嘛。」翠蘭趁勢說道：「去不了，就少在這裡吹，今天你睡客廳，不准進臥室，不然趕你回西天。」

病因②

語句不簡潔。

處方

把「看到的事物」改爲「見過世面」。

病因③

比喻不當，「飯」和「瓜」沒有相似性。

處方

把「爛瓜兒」改爲「狗食」。

病因④

錯別字。

處方

改爲「耷」。「耷拉」指下垂。

這下可把八戒嚇呆了，席夢思睡不成了，今晚又要睡硬板床了。

晚上，他睡在客廳裡，進入了甜蜜的夢鄉，夢見自己跪在丈人和妻子面前，使勁地打自己的嘴巴，發誓再也不吹牛了。

點評

這則故事如同一幅幽默漫畫，作者借豬八戒這個人物諷刺人世百相：那些死要面子活受罪、言非心聲的虛僞之徒，那些自尊自大、外強中乾、狐假虎威的裝腔作勢之徒，到頭來往往是自食其果，貽笑大方。文中對豬八戒笨拙憨厚的性格的描繪尤其是語言描寫形象傳神，讀來使人感到憨態可掬。

《水滸傳》之未說故事

羅世輝

李鬼剪彩

李鬼參觀學習歸來，深有體會，立即給老婆作了彙報。老婆聞言深悔自己思想落伍，難怪挨李逵的打，決心快馬加鞭，迎頭趕上。

不日，李鬼夫婦在驛道中間修築「李鬼收

費站」，旁立一醒目告示，朱印昭昭，①上寫府院批准：「此樹我栽，此路我開，從此路過，把費交來。」

李鬼收費站落成剪彩典禮②隆重熱烈，出席剪彩儀式的有知縣、都頭、捕快、押司、里長、保長及李逵等，特邀出席的還有李師師。

病因①

用詞不當。

處方

把「批准」（動詞）改爲「批文」（名詞）。

病因②

缺連詞。

處方

在「隆重」後加「而」。

武松打虎

武二郎連喝十八碗酒，醉眼模糊，又上景陽崗。

二郎正哼著「山路依舊，重複昨天的故事」的小調搖搖晃晃地走在山路上，突然一條大蟲攔住去路。二郎頓時更添興奮，說：「哈！眞要重複昨天的故事了。哼！洒家正要找你這山霸替來往客商出口氣，沒想天堂有路你不走，地獄無門你偏來。」於是二郎拉開架式，待大蟲一掀一剪一撲過後，騰身騎在虎背，揪起虎頭，大喝一聲：「你這畜牲，三招用完，沒招了吧！」說罷掄拳欲打。不料大蟲冷哼一聲：「我你也敢打？我表兄乃陽谷縣動物園的新貴，每日前來拜訪的人絡繹不絕。陽谷知縣對我表兄也是器重有加，多次來看望我表兄並合影留念。你如打了我，我表兄在知縣面前吭個氣，哼！你那都頭還能當？你家大郎還敢賣燒餅？」一席話驚得二郎出了一身冷汗，酒醒了

病因③
別字。
處方
改爲「賠」。

一大半。二郎不敢猶豫，趕緊跳下虎背③陪禮說：「今日洒家酒醉了眼，冒犯虎威，就此別過。」大蟲站穩身子昂了昂頭，接著又是一聲冷哼：「就這樣走了？」久歷江湖的二郎馬上回身拱手道：「剛才虎爺爺辛苦了，小的打隻山羊來孝敬虎爺。」心裡想道：「山路依舊，不是昨天的故事。」

孫二娘開店

孫二娘被招安後繼續在十字坡開飯店，小本小利，維持生計。

一天，幾個衙役打扮的人走進店來，孫二娘趕忙堆上笑臉迎上去招呼：「幾位大爺，遠來辛苦，請坐，先喝杯茶。」一位小衙役大喝道：「少來這一套，據報你店賣過人肉包子，罰銀五千兩。」話沒說完，一張處罰公文已遞至二娘面前。二娘見狀，火從心頭起，怒向膽邊生，心想：今日罰款，明日徵費，罰款單、收費單都可給兒子編訂一本書了，這日子何時是盡頭。今天又來了，是可忍，孰不可忍！於是，④操起板凳，嚎叫一聲：「老娘跟你拚了！」說時遲，那時快，正好張青採購回來，一把托住凳子，按住二娘，擠出笑臉對衙役說：「各位大爺，雅座請。這婆娘，頭髮長，見識短，不懂事，小店確實沒有賣人肉包子

病因④
缺主語。
處方
在句首加「她」。

了，口說無憑，請諸位現場檢驗。」

張青連拖帶拉把衙役請進了雅座，吩咐店小二武松：千年的王八、百年的陳酒跑步送上。

衙役們在張青的兩請三勸之下，很不情願地將就吃喝了。最後張青端上一盤包子請衙役們驗收，衙役頭目微睜睡眼，打起官腔道：「據查，好像不是人肉，但公事公辦，罰款五兩。」張青點頭哈腰：「多謝大爺光臨寒舍，有勞貴趾（齒），公事公辦，每位奉上白銀五兩。」

精批
人物形象的刻畫惟妙惟肖。

點評

我們曾為梁山好漢英雄的仗義氣概所折服，為他們的招安而感到惋惜。當年的好漢都是由於各種原因被逼上梁山的。而作者把幾個較有代表性的、家喻户曉的英雄放在更為複雜的環境中。金錢成為罪魁禍首，導致李逵承認李鬼的正宗，武松還要孝敬景陽岡上的老虎，孫二娘、張青收買來撈油水的衙役，著實讓人可悲可嘆。

文章用三個獨立的小故事，以小見大，符合原章回小說的特點。作者以新編的形式反映了社會的某些陰暗面，來警示人們。文章中的細節描寫突出，增添了文章的戲劇性。

桃花源為何消失了

黃祚君

病因①

成分多餘，語意重複。「洩露出去」自然就是告訴別人了。

處方

把「告訴別人」刪去。

精批

跨越時空的技術運用，在看似荒誕的敘述中顯出情節安排的合理性。

病因②

指代不明。

處方

改爲「桃花源人」。

晉朝時候，武陵漁人誤入桃花源，回去後，再來爲什麼找不著了呢？我的老爺爺的老爺爺的老爺爺知道這個秘密，後來一代一代地傳下來，一直傳到我這裡。

那漁人離開後，桃花源的村民們開了一個會，①討論漁人出去後會不會把這兒的秘密洩露出去告訴別人。討論中出現了分歧。老人善爾認爲漁人不會把這兒的秘密說出去，小伙子志德卻說：「肯定會說出去的。」並叫大家做好準備，趕快逃走。正爭論不休時，一個八十多歲的老大爺站起來大聲說：「不要吵！別擔心，我在他的衣服上放了竊聽器，待會兒就知道了。」村民們立刻靜了下來。

過了一會兒，竊聽器傳來漁人的聲音：「我該怎麼辦？向上面報告吧，②他們一定會說我不守信用；不向上面報告吧，他們的村莊一定會越來越落後……對，還是向上面報告吧。」聽到這裡，小伙子志德氣得要命，那老大爺說：「漁人也是好意，咱們就別管他了。」

說完，老大爺拿著一把斧子帶領大家來到了一個洞口，說：「事已至此，我不得不把這個秘密告訴大家了。」他把洞口的一個小石塊用斧子砍碎了，露出一個按鈕，用手一按，石洞的門「轟」的一聲開了，洞內停著五架蘑菇狀的飛機。看到眼前的景象，村民們都目瞪口呆。老人說：「我們的祖先本來住在另一個星球上。後來，一個敵對星球上的人，想攻占我們的星球，我們的科技不發達，敗了下來，逃到地球上。同我來的那些人都已相繼離世，只剩下我一個人守著這個秘密。」這些飛機全部由電腦操作，大家一起走進飛機，老人一按電鈕，廣播響了起來：「歡迎你們回到自己的星球。」五架飛機向天空飛去，眨眼之間消失在③蔚蘭的天空中。

就這樣，武陵漁人離開以後，回頭便再也找不著桃花源了。

精批

確是天馬行空的想像，不禁「村民們都目瞪口呆」，就連讀者也會感到不可思議。

病因③

錯別字，「蘭」常用來指蘭花、蘭草。

處方

改為「蔚藍」。

微恙區

點評

作者充分馳騁想像，把桃花源想成是外星人的避難所，發現有人要去騷擾，便返回自己的星球了，於是，武陵的那個漁人離開後，回頭便再也找不見了。本文的最大特點就在於作者大膽的想像，把傳統的文學作品虛構的形象，賦予科幻的演繹加工，行文流暢，首尾完整。

西風古道

王立濤

走下時空隧道，眼前呈現的是一片淒涼的景觀：枝頭上掛著稀稀落落的幾片枯葉，一條羊腸小道曲曲折折地伸向遠方，幾隻昏鴉鳴叫著回巢了，一輪如血的夕陽漸漸從天邊隱去。

這是什麼地方呢？這時，遠處傳來馬蹄聲和一陣吟詩的聲音：「……古道西風瘦馬，夕陽西下，斷腸人在天涯。」①聽著熟悉的小令，不禁想到：莫非是他？

遠處一位三十上下的男子牽著一匹瘦骨嶙峋的白馬走了過來，可能由於長途跋涉，他臉色滄桑憔悴。我迎上前去道：「先生莫非就是享譽文壇的馬致遠馬先生？」

「正是，你是……」

「在下王立濤，②一生仰慕先生才華，不想今日相見，幸會，幸會。看先生一身風塵，臉色憔悴，不知先生從何而來？」

「唉！吾本想發奮讀書，以報效國家，無奈官場黑暗，報國無門啊！今秋應試，不想再次落第。如今已是秋風蕭瑟，我已離家半年有

病因①

缺主語，這樣的句子看上去不完整，也影響讀者理解。

處方

在句首加「我」。

病因②

用詞不當，「我」還沒有死怎麼用「一生」來表達呢？

處方

將「一生」改爲「十分」。

餘了，於是又思起家來。」

「先生，邊走邊談。既然官場黑暗，你又何必加入其中呢？既然皇帝昏庸腐敗，你又何必去效忠這麼一個昏君呢？三國的阿斗，不是很好的例子嗎？」

「你看前方是什麼？」我順著先生的手望去，只見有六匹石雕的駿馬昂首挺立於一座巨大的墳墓前，六匹馬風格各異，栩栩如生。「六駿陵！」

「六駿陵？」

「對，就是六駿陵。」他說著，快步向前走去，到陵前深深地施了一禮。

「先生，③這六駿陵是誰呢？」我的話剛出口，就發現先生的臉上露出一種惋惜的神色：「六駿陵就是唐太宗李世民的陵墓啊！他是我最佩服的一個人。魏徵實爲幸運，遇到這樣一位明主，而我……唉！報國無門哪！千里馬常有，而伯樂卻不常有。」我站在那裡，無言以對。

天色逐漸暗了下來，夜晚已籠罩了大地，秋風蕭瑟，搖落了枝頭上僅有的幾片枯葉。先生又轉回身去，對著陵墓又施一禮，牽馬說道：「昏君如此無道，我還祈求④擠身官場作甚，我還保你作甚？致遠已心如清水，再不會去追名逐利，爲瑣事而煩惱。」說完躍身上

病因③

語意不清。主語和賓語不配。

處方

在「誰」後加「的陵墓」。

精批

以環境描寫來烘托人物此時的心理感受，比直接敘述更自然、更流暢。

病因④

錯別字，「擠」常用作動詞，表示擠壓。

處方

改爲「躋身」。

馬。

荒涼的曠野中，我吟誦著：「小橋流水人家，古道西風瘦馬……」目送先生的背影逐漸遠去。

山清水秀之間，又多了一位陶淵明的後繼者。

點評

走下時空隧道，遭遇元朝才子馬致遠，作者以幽遠的意境，得體的對話，揭示古代社會中，有志之士懷才不遇、報國無門的苦悶，顯得眞實可信。以《天淨沙·秋思》置於開頭和結尾，渲染了氛圍的淒清，營造了首尾的呼應，有助於主題的表達。

遭遇康德

曾曉慧

精批

以特寫似的鏡頭開場，很有畫面感，從羽毛筆、聲音到人物出場，這一過程包含了時空感。

羽毛筆快速移動著：「時空乃是人類感知的方式，並非物質世界的屬性。」聲音又停了下來。他皺著眉頭掃了眾人一眼。「不要寫這麼快嘛，先生們！」他說，「我可不是聖賢。」可你的話是名言！我心裡嘀咕著。他已從小桌

子後站了起來，我這才看清他一個肩膀高、一個肩膀低，瘦得快成皮包骨了。「你們得學會自己思考。」他頭也不回地走出門去。我不假思索，追出去，幸好，他金色的假髮在陽光下閃耀著，遠遠地，如夜空中可愛的北極星。噢，哥尼斯堡，我愛極了這裡的空氣！

①悄悄溜進餐廳，坐下，他與客人們已開始吃起來。我對著乾豆拌魚和烤肉發呆，肚裡的問題一個個湧上來，吃不下；小心地瞥他一眼，他仍是慢悠悠地吃著飯，不時說著笑話。拜託，說點別的吧！實在忍不住了，我鼓起勇氣：「教授，以您對哲學史的精通，您是否已得到您的答案？世界是否有終始，人是否有不朽的靈魂，宇宙是有限還是無限？」我不得不閉嘴，他已惱怒地看著我，很明顯的被人打斷談話後不高興的表情。我只有沉默。忽然間，他微微一笑：「很多人問過我這個問題。」他盯著我，犀利的目光似乎要看穿我的靈魂，「我們的問題關係到一個我們本身在其中占一小部分的事物，因此我們永遠無法了解這個事物。」

②「可是，難道人類的認知能力不是不斷向前發展的嗎？」我也盯著他。

「『事物本身』和『我眼中的事物』是不一樣的，我們所知道的只是我們『眼中』看到

病因①

缺主語，容易使句子產生歧義。

處方

在句首加「我」。

一連串的提問，很顯然是「我」準備了好久要問的，從這裡也可以看出「我」對康德著作的熟知。

病因②

句子雜揉，「可是」與「難道」領起的句子之間缺乏相應的銜接與過渡。

處方

刪去「難道」或將「可是」後面的逗號改成省略號。

的事物。我們可以說世界無所謂終始，但如果不曾開始的話，如何一直存在呢？我們說世界一定是在某一時刻開始的，那就是無中生有的，一件事物可能會無中生有嗎？我們不可能得到這些問題的確實答案。」

「那麼，我們永遠不能證明什麼是對的，什麼是錯的？」

「不，是與非是有分別的。每一個人都知道何謂是、何謂非，每個人都有辨別是非的智慧。」他那漂亮的眉毛挑了起來，「這又是另一個問題了。我們的內心都有一套道德法則。」

「或許……是的，」我有些迷惑，腦海中③時而閃現無人理睬的傷者，嗷嗷待哺的棄嬰……「當物欲橫流時，我們還能保有這套道德法則嗎？」我有些懷疑。

「當然，我們無法用理性來證明它——只有當我們尊重每一個人包括自己本身，而不是將他當成達到目的的手段時，才會遵循內心的道德法則。」

「可是，我們常常爲心中的目標或是理想而奮鬥，不顧一切時，心中是否還會有一套道德法則？」

「如果你只是做自己想做的事，你可能會成爲各種事物的奴隸，甚至成爲自我中心思想

病因③

用詞不當，聯繫下文來看，沒有相應的內容與這一詞搭配。

處方

改爲「不時」。

的奴隸。做你應該做的事——出自善意而爲之，你是自由的，它使我們超脫自我的欲望與惡念。」

「那麼，當我們失去了某種欲望的支配，一旦激情流逝，我們爲什麼而生存？」我望著他。

他蹙起眉頭，凝視著窗外一所教堂的塔樓④，「如果人類的腦袋簡單得足以讓我們了解的話，我們還是會愚笨得無法理解它。」他喃喃自語。我有些吃驚：「您是說『自相矛盾』？」他沒有回答。「我們能做什麼？」我問。他回過頭來時，⑤面色已霽。「笑吧，吃了飯可以笑一笑，據說笑能促進消化。」他歪了歪頭。我大笑，對著一桌水果。他已提起金頭拐杖，踱出門去。

不勝其煩，他已在這條巷裡來回走了六趟。「您在想什麼？」我問，他像是沒聽見。「或許，我們可以做些努力，」他頓了頓，「所有國家應該聯合起來成立一個國際聯盟，以確保各國能夠和平共存。」那有用嗎？眼前似乎閃過一抹血紅，說不清是南京城中一片殷紅還是南聯盟那座廢墟中的斑斑血跡。「那沒用！」我眼眶一熱，感覺想哭。他注視著我：「當我們遵守道德法則時，我們也正是制定這項法則的人。對我而言，這樣一個聯盟是遠程

病因④

標點誤用。逗號表示停頓，而後面的語言卻正是康德說的。

病因⑤

用語不當，「霽」表示雨後或雪後轉晴，常作書面語用，較正式。

病因⑥

缺少關聯詞語，語意上顯得沒有強化。

處方

在後半句前補充「但我們」。

精批

這一句語言非常精煉，小作者安排得也很巧妙，由對話中的活生生的康德到一塊墓碑，自然過渡到現實。

目標，幾乎可以說，那是哲學的終極目標。」我無語。他是對的。⑥我們無法改變歷史，可以創造未來。

我回過神，他已走遠了。我追上去，卻是一塊墓碑，上面刻著一句話：「有兩件事物我愈思考愈神奇，心中也愈充滿敬畏，那就是我頭頂上的星空與我內心的道德法則。」眼前白花花一片，刺眼、模糊。

康德死於1804年，死後葬在哥尼斯堡，哲學史上的一個紀元隨此而結束。

站在大街上，四周是匆忙的人，來來往往的車輛，頭頂灰蒙蒙的天……一盞燈，一盞燈，閃過年年月月……我的視線仍觸及大街上那位衣衫襤褸躑躅獨行的老人呆滯的目光……一閃身，一閃身，幻作無數問號……我熱愛星空，但當頭頂的天空變得模糊，我只有將目光投向如潮的人流，竭盡所能，在有限的時空中去探尋人間的道德法則。

點評

現實的生存欲求與精神道德的矛盾，人們總難以將它化解，談到它時，人們也總是迴避，或用口號式的話語來敷衍。本文同樣沒有解決這個矛盾，而且還使矛盾突顯於讀者面前，讓讀者正視它，這表現出作者對這一問題的深刻思考，並用康德關於道德法則的結論給我們指明了方向。

文章把一個沉重的哲學命題用虛構故事的方式進行論證，使本來枯燥的內容變得非常生動。論點的推導深入淺出，明白易懂。文章的結構也非常嚴密。

陳子昂自我推銷

黎田田

陳子昂是唐代極具創造革新精神的著名詩人，自幼就有豪俠浪漫的性格。少年時代曾閉門讀書，遍覽經史子集；成人後，從老家四川來到京城長安，希望能在此贏得聲名，進而施展自己的才華、實現自己的理想。

精批

開首以簡介的形式對陳子昂做一些介紹，在此基礎上展開故事的敘述。

剛到京城時，陳子昂也與大多數人一樣走「上層」路線，希望通過名人權貴的推介，使自己揚姓揚名；但奔波多日的結果卻是失望、再失望。

一天，陳子昂又在街上奔波時，見有一班人團團圍住一個賣胡琴的人，①便也湊上前去。

病因①

缺乏必要的銜接與過渡，顯得突兀。

處方

在句首前加「一時心是十分好奇」。

只聽賣琴者說：這把胡琴十分名貴，價值百萬。聽說這琴這麼好，一些有錢有勢的達官貴人就反覆傳看這把琴，但終因難辨真假而不

微恙區

敢貿然購買。看到這種情形，陳子昂突發奇想：何不利用這個機會使自己名揚京城呢？

於是，他挺身而進，對周圍的人說：「這把胡琴，我買了！」見他肯出這樣的高價，圍觀的人都非常驚訝，但陳子昂②卻含笑說：「我擅長演奏這種樂器。」「能讓我們聽聽你的演奏嗎？」有人提議道。陳子昂說：「明天午時，我會在宣揚里（地名）爲你們演奏！」

第二天上午，人們都如約前來宣揚里，見到的不僅有笑臉相迎的陳子昂，而且還有色香味俱佳的飯菜。見人已來得差不多之後，陳子昂拿出胡琴放到桌前，接著又招呼眾人吃喝。待大家都酒足飯飽之後，陳子昂才拿起胡琴，高聲說道：「今天聊備薄酒，把大家請來，並不是爲了給諸位彈琴；③原因是因爲，這把琴並不名貴，只配那些低賤的樂工使用，我怎會在這上面浪費精力呢？」

說畢，他就將那琴狠狠地摔在地上。就在大家仍不知他的葫蘆裡賣的是什麼藥的時候，陳子昂又拿起一疊文章，亮出底牌：「我是蜀人陳子昂，帶有百餘篇精心寫成的文章，從家鄉馳馬來到京城；雖飽經風塵、遍嘗辛苦，卻不能爲人們所了解。無可奈何之際，我才籍買琴演奏之名將諸位請到這裡。諸位看罷我的文章後，如覺得不錯，就請宣傳宣傳！」說完，

病因②

用詞不當，「含笑」是指一種狀態，不作形容詞用。

處方

改爲「笑著」。

病因③

語意重複。

處方

去掉「原因是」或「因爲」

精批

如此的推銷手段實在不太高明，結合小作者前面的鋪墊及步步蓄勢，這時應該可以給讀者一個意外的驚喜，情節上應該有個突轉，可能是作者急於展示，因而此處處理有些粗糙。

他便將文章遍送每一個到場者。

不幾天，陳子昂的大名便傳遍了京城的大街小巷。

點評

在京城這個大「考場」中，一個原本默默無聞的鄉野書生要想贏得大名，其難度之大自不難想像；但陳子昂卻成功地通過了這次「大考」，原因何在呢？關於這個問題的答案當然有很多，但最準確、最能揭示問題本質的答案當是：在於他的創新精神。「前不見古人，後不見來者」——若借用他的這兩句詩來評價他的自我推銷術，是不是也很妥帖？

安泰之死

曉曉

「諸位，第十屆世界散打王爭霸賽重量級決賽即將在此——『海上曼哈頓』超豪華遊輪上拉開戰幕。」隨著主持人充滿激情的介紹，觀眾們發出瘋狂的歡呼聲。「紅方，上屆冠軍，身高185公分，體重85公斤，臂展190公分，這次又以全勝戰績打入決賽，年僅19周

精批

以熱烈的氣氛開場，調動讀者閱讀興趣，同時也和文章最後深沉悲涼的情感形成反襯。

歲的——汗馬！」觀眾的熱情達到了興奮的頂點。在瘋狂的呼聲和掌聲中，我走上了擂台。「黑方，本次比賽的黑馬，第一次參賽便殺入決賽，身高200公分，體重87公斤，臂展195公分，來自利比亞的安泰俄斯。」伴著觀眾詫異的目光和並不太熱情的掌聲，一個古希臘打扮的怪人，登上了拳台。他黑色的鬈髮，高高的個頭兒，似乎有些文弱，①但明亮的眼睛和充滿韻律的輕快腳步卻顯示出他的不同尋常。

病因①

濫用關聯詞。

處方

去掉「但」或「卻」。

「唉！」我長嘆一聲，雖說已過了十幾年，但往事仍歷歷在目。那次，我輸了，但今天——第十屆爭霸賽時，我又回來了，在沉默了十幾年後，我又回來了。可惜，賽後不久，我就將離開地球，前往遙遠的鏡星——因爲地球上的資源已被開發殆盡了。

我走上甲板，放眼看去：夕陽的餘暉灑在蔚藍的海上，伴著波浪的起伏，海面上泛起點點金光。②一陣海風吹過，海面上泛起點點金光。一陣海風吹過，我閉上雙眼，有些陶醉了。但我知道，這只是虛擬實境給人的虛假的安慰。地球上的海早已消失，取而代之的是一個大大的淤泥潭，周圍是破舊的汽車、銹跡斑斑的船骸、腐爛的橡膠、燒焦的塑膠……一絲寒意鑽入我的腦中。

病因②

語意重複，兩句之間缺乏必要的銜接與過渡。

處方

刪去此句或在句首補充「又是」。

我嘆了口氣，回到了艙中，充滿激情的主

持——沒了，瘋狂的觀眾——沒了，歡呼——沒了，掌聲——沒了，我——在這兒幹什麼？

第一回合開始了，我打出幾記鈎拳，安泰閃都沒閃一下，舞著拳頭向我衝來。在他的重拳面前，我選擇了防守。咦？他重拳的力量大不如前，我還記得上次，他的重拳把我的雙臂震得生疼，還有好幾次衝破防守直逼我的雙頰。但現在……他的身子瘦了些，雙眼中閃出一絲難以掩飾的憔悴。

第二回合，他仍竭力在進攻，但他似乎已經累了。在貼近時，我分明聽到了他急促的呼吸和心臟③疾速的跳動聲。要知道，上一次，他可不是這樣的。他進攻迅捷，拳頭有力，似乎第一個回合根本就沒耗費精力。而且第三回合，他的進攻仍在持續，我使出了自己的絕活兒——「飛身側踢」。一般中此招者，不是被擊倒了爬不起來，就是再也無還手之力。④但他卻如泰山般，一動不動。我驚呆了，無心再戰。正在此時，一記擺拳正中我的下頜，頭頓時眩暈起來，一顆顆金星在眼前跳躍，腳下忽的一軟……這一刻，我永遠也難以忘記，因爲我失去了上屆散打王的頭銜。

但今天，已經沒有第三回合了。在第二回合快結束時，我猛地一記「飛身側踢」踢中了氣喘如牛的他。他像一座失去了底座的鐵塔

病因③

錯別字，「疾」本身就包含了急速之意。

處方

將「疾」改爲「急」。

病因④

濫用關聯詞。

處方

去掉「但」或「卻」。

——晃了兩下，轟的倒了下去。

「10……9……8……」讀秒結束了，可他仍倒在那兒一動也不動。

我知道我勝了，但我一點兒都不快樂。沒有強健的對手，勝利有什麼意義？

我走到安泰身邊，發現他已奄奄一息了。我慌忙跪下，想把他扶起，但已經沒用了。

「恭喜你！告訴……你……一個……秘密，我……是……波塞冬……的兒子。」他吃力地說。

「就是海神波塞冬和大地之母蓋雅所生的兒子？」我問道，「就是那個在格鬥中，只要身不離地或海，便可源源不斷從母親身上汲取力量的人？」

他點了點頭⑤，「……其實……上次……也……也……該你勝。」他頓了頓，突然兩行混濁的淚水從深陷的眼中流出，淌過蒼白的面頰，「因爲呢……現在大地——我的母親——快死了，海洋——我的父親——也將不復存在……我……我……」伴隨著幾下抽搐，他——安泰俄斯——一個曾有用不完的體力的鬥士——死了。

我坐在前往鏡星的飛船上，看著窗外遠去的灰暗的地球，不禁想起了安泰，想起了曾經沐浴在夕陽餘暉中的萬千生靈。我們的母親

精批

可將此句改爲「本該屬於我的散打王的頭銜就這樣失去了」，把「失去」放在句子後半部分，這樣更能強調「我」對「失去」散打王頭銜的難忘。

精批

人最難戰勝的是自己，如果連對手都沒有了，那麼他也就失去了戰勝自己的最好方式。

病因⑤

標點誤用，後面是「安泰」所說的話，此處用逗號有誤。

處方

改爲冒號（：）。

——大地——快死了，我們的父親——海洋——也將不復存在，我……戰勝了安泰，但這又有什麼意義！……

點評

我們欣喜地看到，環保這個主題被越來越多的人關注；但我們也沮喪地看到，學生寫的環保作品非常不好看，僅引用一些數據，羅列一些現象，文章乾枯蒼白，千篇一律。本文則不然。作者利用古希臘神話中關於「安泰」的傳說，通過兩場拳擊賽的鮮明對比，寫這個本可以從大地母親和海洋父親身上汲取無窮力量的大力士現在卻無力作戰，表達了地球現狀的可悲和對未來的憂慮。構思比較新奇。

葫蘆僧再斷葫蘆案

李丹洋

如今且說賈雨村淪爲囚犯，門子則搖身一變成了知府大人。正是無巧不成書——門子審判賈雨村的案子。

精批：用巧合方式敘述故事，使情節發展更有波瀾。

「帶人犯上堂。」門子一拍驚堂木，威風凜凜。

「草民賈雨村拜見大人。大人您還記得我嗎？」賈雨村笑著說。

「你是——」門子犯疑。

「大人可眞是貴人多忘事，我就是您原來的……」

「咳，咳，」門子突然咳嗽起來，「賈雨村，公堂之上不要吞吞吐吐，大人問你，你可知罪？」

「小人知罪，還要大人網開一面，從輕發落。」雨村跪著像條狗乞求著。

「本官一向清正廉潔，一定會①處理公事的。」

「大人，小人有句話不知該說不該說。」

「但說無妨，恕你無罪。」

「不過——」雨村看了看周圍的人，似有隱衷。

門子早已會意：「有話到書房再說，退堂。」

賈雨村隨門子來到書房，又是一番奉承。門子似乎有些不耐煩，說道：「你有話快說，這裡沒外人。」

「小的就直說了，唉，大人知道我犯的雖是②賄絡罪，但這只是皮毛，關鍵是和當年英蓮的案子有牽連。現在馮家有人中了狀元，又查起了馮淵的案子，我就被查出來了，大人一

病因①

用詞不當，前面出現「清正廉潔」，後面沒有與其呼應，「處理公事」讓人不知所云。

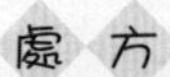

處方

改爲「秉公處理」。

病因②

錯別字，「絡」是指網狀的東西，與受賄無關。

處方

改爲「賄賂」。

定要爲我做主啊！」雨村又趴在地上，像條哈巴狗。

門子笑道：「哪裡，哪裡，當年你對我恩重如山，我怎麼不『報答』呢？不過聽說那個狀元很受皇帝寵愛，我看這事有點棘手啊！」門子顯出爲難的樣子。

雨村知道門子是故意不近人情，便威脅說：「當年之事只有天知、地知、你知、我知，你就不怕我也把你拖下水，到時候恐怕連您這頂烏紗帽也保不住了。」

「我怕，我好怕喲，但是你恐怕沒這個機會了，來人啊，給我拖出去斬！③你當年把我充發後，想不到也會有如此下場？這就叫以其人之道還治其人之身。」

雨村大罵，但終究給斬首了，門子又急忙給馮狀元修書一封，說雨村已被斬首示眾，馮淵的冤已經伸了，云云。

病因③

語意不明確。

處方

改爲「你當年把我充軍發配後，沒想到自己也會有如此下場吧？」

點評

本文以對話爲主，語言詼諧、流暢。結構新穎，給人印象深刻。故事以《紅樓夢》的部分情節渲染而成，在傳承與創新之間，取得了相當和諧的平衡，不失爲一篇古事新寫的佳作。

全新創作

《范進中舉》續寫

望會英

且說這日，范進站在門口送別張鄉紳，只聽得一陣急促的馬蹄聲由遠而近。張鄉紳剛坐上轎子，兩匹馬飛奔過來。不一會兒，就有人站在了范進面前，那人道：「范進何在？」張鄉紳聽了，從轎子裡鑽了出來。范進見人問自己，正準備回話，張鄉紳道：「你是何方人士，膽敢①侮辱范老爺？見了老爺爲何不下跪？」那人見張鄉紳的衣著就知道他是個老爺，便道：「老爺不知，這廝並不曾中，中的是另一叫范進的年輕人，在下把這廝認成了范老爺，如今是奉命取回②報貼的。」此時，范進目瞪口呆。恰好胡屠戶拿著女兒給的幾錠細銀，笑眯眯地走出來，聽見自己的女婿並未曾中，便把銀子揣在懷裡。范進上前跪拜了張鄉紳。張鄉紳道：「你這廝，多年來未曾中個相公，如今中了個相公就想吃天鵝肉做起老爺來。我聽人說，就是中相公時，也不是你的文

精批

前後對比才顯出人情世故來，各種嘴臉的醜態也在此一一呈現。

病因①

用詞不當，「侮辱」一詞詞義過重，且不具體。

處方

可改爲「直言范老爺的名諱」。

病因②

錯別字，「貼」常作動詞，意爲粘貼。

章，還是宗師看你可憐，捨與你的，你卻癡心妄想做起老爺來。你這廝啊，出了名的沒有用的人。本縣令的貴房是賀范先生的，還有那銀子，一併還於本縣令罷。」范進像從夢中驚醒一樣，忙跑進屋裡，胡屠戶見此狀，趁機溜了。范進抱出剛才張鄉紳送的那些錠子。張鄉紳令管家查看。他一查，不得了，少了兩錠。范進去問老太太，老太太說送與你丈人。他急忙奔到門外，沒見著丈人。③猜想溜了，便道：「老爺，那兩錠銀子我已經掉了，現在沒錢，能否緩一緩，明日湊齊送您府上，如何？」張鄉紳怕他耍賴，便道：「你這廝現在去尋，管家這裡候著，定要將銀子帶回。」說著上轎子，去了。

張鄉紳走後，范進直奔集上，見丈人正在吃飯，便上前拜了丈人，找他借錢，又被他罵了個狗血噴頭，道：「不知我積的甚麼德，以爲你中了舉，帶六千錢來賀你，怎奈，你這該死的奴才把我六千錢丟水裡了。你不來謝我，反找我借錢，我又不是甚麼大官，哪有錢救濟你。」說著，叫伙計把他推出來。范進在丈人面前隻字未提妻子給丈人錢的話，丈人也裝著沒給一般。范進在集上一步一踱地走著，想著回去了怎樣跟張鄉紳的管家交代。他剛走不遠，就見一人攔住了他，找他要酒。後來，人

處方

改爲「報貼」。

病因③

語意不明，誰猜想，誰溜了，交代不清。

處方

改爲「范進猜想他丈人溜了」。

精批

畢竟是呆子，被罵一通，話也說不出口。

精批

眾生之態，言行不一，出爾反爾，益發現出醜態來。

越聚越多，有要酒的，有要米的，有要雞的，還有要錢的……原來這群人都是他的鄰居，聽見他中舉的消息後送酒、送米、送雞、送錢……如今聽說他並未中，都爭著找他要回自己送給他的東西。范進一時無法，④只得央求他們等些時候再還。那些人哪裡肯罷休？有幾個性急的跳了起來，拳頭落在他的臉上，腳踢在他的身上，范進滾倒在地，只是求饒。他們沒有就此罷休，仍往他身上打。突然，范進從地上爬了起來，拍著手，衝出人群道：「噫！我中了！」鄰居一看知道他又瘋了，便一哄而散，各自做事去了。

病因④

語意不明確。

處方

改爲「只得央求他們再寬容他幾天」。

卻說那管家等范進等了半日，家裡娘子胡氏無奈，只得來集上尋找丈夫。剛走到集東頭，就見丈夫拍著手道：「噫！我中了！噫！我中了！」胡氏想，他怕是瘋了，就上前去扶他回家。他掙著跑開了，只拍著手道：「噫！我中了！」胡氏見狀，沒有奈何，只得哭哭啼啼地往家裡走。

點評

《〈范進中舉〉續寫》是在原文基礎上的又一次再創作。在原來一波三折的情節基礎上，作者又發揮其豐富的想像力，使得情節更爲曲折、動人。本文想像力的體現是顯而易見的。就情節而言，作者按照生活的邏輯

設計了一個出人意料的情節，使范進這個人物在誤會中眞的發瘋，以一個殘酷的結局來反映科舉制給社會帶來的危害。就人物形象的塑造和社會環境的表現而言，范進這個人物比原來更爲豐滿形象，封建社會的市儈氣更爲鮮明、突出。

希　望

李亮

早晨，太陽初升。我們全家在甲板上用餐。父親飯罷，在甲板散步。

忽然，他從遠處滿面春風地跑回來，對著母親嚷道：「克拉麗絲，我看見了一位富翁！」「這有什麼奇怪的。」母親仍然漫不經心地吃著盤中的麵包。「我是說，他像于勒，我的叔叔于勒！」「什麼！你是說善良的于勒在這條船上？」母親驀地從椅子上跳起來，兩眼直盯著父親。氣氛一下子活躍起來。我也十分歡悅，因爲從父母的口中知道，于勒叔叔代表著希望。「但你肯定就是他嗎？」說罷，母親臉漲得通紅，生怕得到否定的答案。「我想……可能……有點像吧。」父親囁嚅著。笑容刹那

精批

平靜的開場氛圍，爲下文情節的展開做下鋪墊。

精批

氛圍突變，由平靜到波瀾頓起，人物也開始登場。

病因①

缺主語，無法表明這句話中的動作的發出者是哪一個人。

處方

在「停住了」前加「她」。

病因②

用詞不貼切，「氛圍」使用範圍比較大，較正式。

處方

可將其改爲「氣氛」。

間凝固在每一個人的臉上。母親狠狠地瞪了父親一眼，旋即向東面的甲板跑去。我也跟了過去。①就在距頭等艙四五米遠的地方停住了；望著那個進餐的富人，如同望著聖主耶穌一樣，目光裡充滿了虔誠。好一會兒，母親才跑回去，遠遠地對著父親喊：「沒錯，就是他！」②沉悶的氛圍又一次活躍起來。「菲利普，還等什麼，還不去跟于勒相認！」說完，母親又爽快地掏出十法郎，遞給父親，說：「回來時給我捎點牛排、牡蠣或者別的，這麵包糟糕透了！」我很費解，因爲母親昨天還向別人滔滔不絕地講述麵包的美味和它的好處。

太陽升得更高了，像枚金幣。父親拿好這帶著體溫的十法郎，正了正領結，帶著一家人的希望，向頭等艙，向著「金幣」升起的方向走去。

點評

《希望》一文是對《我的叔叔于勒》一文結尾的改寫。在寫作過程中，作者緊扣原文的主題，以一個與原作不同的結局揭露資本主義社會人與人之間的金錢關係。本文與原文的結尾雖然情節不同，但卻有異曲同工之妙。本文的想像力不僅體現在巧妙設置上，還表現在對人物的語言、神態、環境等細節描寫上。作者筆下菲利普夫婦自私、冷酷、惟利是圖的本質被揭露得比原作並不遜色，同原作一樣，本文取得了令人信服的效果。

一個故事的三種講法

張麗麗

龜兔賽跑的故事大家都很熟悉，號稱飛毛腿的兔子竟敗給了幹什麼都慢騰騰的烏龜，兔子覺得眞是天大的恥辱。可有什麼辦法呢，以弱勝強的故事自古至今不勝枚舉。①至於烏龜勝了兔子的原因據說有三種講法。

第一種講法是：我們的兔子簡直是太粗心、太粗心了。比賽時竟弄錯了跑道繞到了美國。既來之則安之，兔子就順便同飛人約翰遜②切磋了一番技藝，等兔子到達比賽終點時，烏龜早就驕傲地站在了領獎台上。唉，可憐的兔子。

第二種講法是：兔子的確有一顆善良的心。比賽途中，它遇到了一位病重的老爺爺，兔子想起佛語說過「救人一命勝造七級浮屠」，二話沒說，就把老爺爺送進了醫院。等兔子從醫院趕去比賽，正是烏龜衝線過終點之時，當然冠軍就沒兔子的份啦。嗨！可愛的兔子。

第三種講法可時髦了。話說③兔子正進行

病因①

介詞使用不當，「至於」表示達到某種程度或另提一事，此處沒有此意。

處方

把「至於」改爲「關於」。

病因②

用語不簡潔，顯得囉嗦。

處方

「切磋了一番」。

病因③

句子雜揉，語意不明。

處方

改爲「兔子和烏龜正在進行比賽」。

精批

「跑迷」一詞用得很新穎，很活潑，也很大膽。讀過此文的人自然知道是什麼意思，但這樣造詞也容易進入誤區，需要注意。

病因④

錯別字，「遐」是遠、長久的意思，沒有空閑之意。

處方

改爲「應接不暇」。

和烏龜比賽，那兔子不愧是飛毛腿，很快就把烏龜甩得連影兒也不見了。賽道兩旁擠滿了熱情的動物王國的臣民們。他們是多麼激動啊，爭相目睹這場世紀之戰。他們吶喊，他們助威，他們歡呼，他們把目光集中在兔子身上，高聲喊道：「兔子，我崇拜你！」「兔子，我永遠支持你！」「兔子，我愛你！」這一下可把兔子弄得昏昏迷迷的了，我們的兔子陶醉了，覺得自己眞是個大明星，擁有這麼多的跑迷簡直是人生最大的樂事。兔子心想：我怎麼能讓跑迷們空等一場呢，出於禮貌，我至少得同他們打個招呼呀！於是兔子揮舞著雙手，向他的跑迷跑去，同他們一個個熱情地握手、拍照、簽名留念。

可崇拜兔子的跑迷太多太多，我們的兔子忙得昏頭轉向，實在是④應接不遐。太陽下山了，比賽也已結束，可兔子的身邊仍然圍了一群等待簽名的跑迷。當然，與跑迷在一起是讓兔子感到愉悅的事兒，更何況被人崇拜的滋味的確妙不可言，至於比賽的事兒究竟怎樣，兔子自然也就顧不了許多了。唉！可悲的兔子。

點評

這可以看做是「龜兔賽跑」故事的三段改寫。改寫大致分為兩類：一類是形式上的改動，如改變原文的體裁、結構、表現手法、人稱、語言（如古文改現代文）、風格等；一類則是內容上的改動，如更換主題、情節、材料、人物等。這三段故事，沿用了原故事的各項形式，但內容上包括情節、主題都有根本性的改動，與原文不同。不論哪一種改寫，都需要發揮想像力，而內容上的改寫，尤須發揮想像力中的類似聯想力。比如本文，根據原文兔子因驕傲輕敵竟在賽跑途中睡著了，從而導致失敗的情節和主題，小作者聯想到其他各種在賽途中的延誤和由此導致失敗的情況，分別表達了不同於原文的幾種主題，並以「可憐」、「可愛」、「可悲」做出概括。其中第一個「可憐」的兔子，既有粗心的原因，又因為切磋技藝而造成延誤，丟了成績，甚可同情。第二個「可愛」的兔子，為了救人而耽擱了時間，沒拿成冠軍，雖敗猶榮，值得讚揚。第三個「可悲」的兔子，經不起捧，沉溺於別人的崇拜，虛榮心膨脹，馬失前蹄，自然是應該引以為鑒的。第三段故事是全文重點，顯然有現實針對性，富於啓示意義。

重逢

嚴瑾

話說龜兔賽跑之後，兔子覺得大失顏面，便向烏龜下了「挑戰書」：一個月後再進行一次比賽。接著，它找了個地方躲起來，每天都進行各種各樣的艱苦鍛鍊：長跑、划船……①以備雪洗上一次的「恥辱」。而烏龜呢！它在幹啥？自從上次取勝後，便一股腦地鑽進了自己的小屋，整天丁丁冬冬地，不知在敲打著什麼。

病因①

用詞不當。

處方

改爲「準備」。

一個月過去，兔子滿懷信心地去「迎戰」烏龜。觀眾們仍推舉猴子爲裁判，另外又聘請兩隻小黃雀爲追蹤記者。比賽快要開始了，猴裁判先將比賽規則公布了一下：比賽分爲陸地和水路兩項，誰先到達終點，誰就是冠軍。說完，把發令槍一舉：「預備。」「砰！」兔子飛快地跑出起跑線，漸漸消失在大家面前，而烏龜還在慢吞吞地穿著一雙帶有滑輪的鞋，戴上一副奇怪的眼鏡，最後又繫上一條後面有兩個圓球的「皮帶」。穿戴完畢，它輕輕碰了碰腰前「皮帶」上一個突出的圓點，只聽見「倏」

精批

烏龜的一系列舉措讓人不知就裡，構成了故事展開的懸念。

地一聲，眨眼的工夫，便不見蹤影，驚得大家半天合不上嘴。一會兒，烏龜②輕輕地超過了兔子，它很快來到了河邊，脫下「裝備」，「撲通」一聲跳下水。可到河中心時，體力卻不支，竟在河裡浮沉起來。

這時，兔子也趕到了，跳上船，飛快地划了起來。它看見水中浮沉的烏龜，心想：我該不該去救它呢？救了它，就浪費了我的時間；不救，它也沒事（追蹤報導的黃雀會請來救護隊的）。不救吧，不！還是救他一把。想到這裡，兔子把烏龜拉了上來，又迅速向終點划去。好久，才划到岸邊，勝利就在眼前：我是不是把烏龜一起帶上岸呢？好吧，就這樣。它挽起烏龜一齊向終點走去。

一到終點，大家都熱烈地鼓起掌來，原來小記者們已經將所見所聞作了現場報導。這時，猴裁判宣布比賽結果：冠軍是烏龜和兔子。話音剛落，烏龜感動得哭起來，兔子會心地笑了，而大家的掌聲更加熱烈，遠遠地飄蕩在森林的上空……

病因②

用詞不當，由前文可以看出來烏龜的速度是很快的，怎麼能用「輕輕地」呢？

處方

改爲「輕鬆地」。

精批

心理描寫比較細緻，生動地展現了兔子此時的矛盾心理：友誼與榮譽哪個更重要？

點評

文章選材新穎，「這重逢」的場面，其實是寓言《龜兔賽跑》的續寫，而續寫的內容反映了「友誼第一比賽第二」的深刻主題，語句通暢，想像生動，值得一讀。

機會

趙志昕

有一天，上帝下凡來到人間體察民情。

他遇到一位年輕的小伙子，青年整天不學無術，到處東走走、西瞧瞧，上帝問他：「機會是什麼？」他說：「機會就是吃喝玩樂，無煩惱地過一輩子。」①他走了，又來到一個中年人眼前，問：「你爲什麼不到田裡幹活呢？」

「幹活多累呀，還是躺在床上舒服。」

「機會是什麼？」

「機會就是什麼都不用做，什麼也不用操心。好了，我現在也懶得跟你說話，你走吧。」

上帝感到很失望，又繼續往前走，他看到一位農民老伯正揮著鋤頭在田裡幹活兒，於是，也向他問同樣的問題。而老伯卻笑著說：「機會就是辛勤工作唄！」上帝聽後非常高興。

若干年過去了，三個人都已步入了天堂，與上帝相遇。年輕人由於沒有學到知識，使得

病因①

代詞指代不明。

處方

把「他」改爲「上帝」。

精批

可謂是種什麼花結什麼果，不同的人，其思想、行爲不同，結果自然也是迥異的。

生活很貧苦，最後得重病死了，他說：「如果上天再給我一次機會，我一定要發奮圖強！」中年人更慘，活生生地餓死了，他不是因為窮，但是懶惰害了他，他說：「如果上天再給我一次機會，我一定要到田裡幹活，養活自己。」

只有老伯並不悲哀，他過得很好。②由於自己的辛勤工作，因此家裡的收入也很好，一家人高高興興地過日子，老伯很感謝上天給了他那麼好的一次機會。

生活中處處有機會，機會就是人生舞台上的一場戲，戲的背後汗水，是一雙能憑藉實力、善於發現的眼睛。生命只有一次，機會也只有一次，在人的一生中，果斷堅定，把握機會，就可能品嘗到成功的歡樂；猶猶豫豫，思前想後，就可能錯過很多機會，甚至留下永遠的遺憾。不是嗎？

病因②

重複。「因此」是因爲這個的意思，包含了「由於」一詞的意義。

把「因此」去掉。

點評

套用羅丹的話：「生活中不是缺少機會，而是缺少發現。」作者借用一個寓言故事來說理，水到渠成，機會只屬於那些有準備的人，每個人都不可能無勞而獲，抓住了機會，至少已成功了一半。小作者平實的語言中卻道出了千古不變的眞理。

《最後一課》(續寫)

樂晨宇

這最後一節法語課結束了，這最後一堂課過得可眞快，好像一眨眼的功夫就下課了！從沒有覺得一堂課過得如此的快！天！難道這是眞的嗎？我們國家的領土眞的被侵略了嗎？這眞的是最後一堂法語課嗎？①眞的以後不能說法語，寫法文了嗎？不，不會，有誰能告訴我這是一場噩夢？！可是，不會有人來告訴我這是夢，這一切的一切，都是眞的！看著倚靠在門邊上的韓麥爾先生，看著郝叟老頭，捧著初級讀本，用那無神的眼睛，呆呆地看著前方，看著平時一聽到下課鈴就高興得活蹦亂跳，今天卻低著頭眼睛看著腳，一點點向門口去，甚至痛哭的同學，我的心涼了。摸摸已濕潤的臉頰，②我想，我哭了。

病因①
語序不當。
處方
把「眞的」放在「以後」的後面。

病因②
囉嗦。
處方
刪去。

我和那些痛苦的同學一起走了出去，我擦乾了眼淚，再哭下去，會被那些可恨的普魯人看見，他們會嘲笑法國的男孩沒有男子漢氣概，所以，絕不能讓他們看見！今天我沒有像平時一樣飛奔回家或和同學去公園玩，而是慢

慢地往回家的方向蹭著。路上，我看見了提著一堆行李的韓麥爾先生和他的妹妹。他妹妹用手背正在抹著眼淚，韓麥爾先生則盯著前方，眼睛裡滿是迷惘、無助。我沒有去打擾他們，③和他們說話，讓他們把這裡的一切美好的事物記在心裡吧……

又走了會兒，我看見了他們——那些可憎的普魯士士兵。他們也看見了我，用那種充滿了輕蔑的眼神看著我，嘴角上揚，帶著一絲嘲諷，我也不甘示弱地，用最鄙夷、最凶狠的眼神回瞪他們，並在心裡發誓，要奪回我們自己的領土！

快走到家時，我突然想起韓麥爾先生的話：「亡了國當了奴隸的人民，只要牢牢記住他們自己的語言，就好像拿著一把打開監獄大門的鑰匙。」對！鑰匙，語言是能打開監獄大門的鑰匙！我們不能放棄我們自己的語言，我要自學，但德語也要學好，不能讓德國人瞧不起我們！對，就這樣……

病因③

缺少謂語，容易產生歧義。

處方

在句首加上「沒有」。

精批

學習的目的不只是「不讓德國人瞧不起」，還應該讓文章結尾時的主題再深化一下。

微恙區

點評

文章開頭一段連用四個「真的……嗎」句式，把「我」的那種懷疑和留戀法語深刻的複雜的心情表現得入木三分，小作者能順著都德的思路寫下去，而且又表現得真實，一切顯得那麼合情合理，尤其是心理描寫十分深刻，把小弗朗士的無奈，痛苦，仇恨的感情表達得十分清楚，感染力較強！

《最後一課》續寫

付瑤

精批：「可怕」一詞折射出人物當時的心理狀態。

可怕的下課鈴響了，同學們都放學回家了。而我靜靜地望著窗外，望著韓麥爾先生，望著這院子裡已經長高的胡桃樹，望著韓麥爾先生栽的紫藤如今也繞著窗口一直爬到屋頂。當我要離開的時候，①我看了最後一眼韓麥爾先生。

病因①：語序不當。

處方：改爲「我看了韓麥爾先生最後一眼」。

我走在回家的路上，心裡覺得韓麥爾先生很可憐：「韓麥爾先生被迫要永遠離開學堂，離開自己熱愛的教育事業，這是多麼痛苦的一件事呀！可是從前我都是討厭韓麥爾先生，討厭他的法語課，總是想曠課，怕韓麥爾先生罵我。現在想起來我眞是幼稚，眞是後悔。可惜已經晚了，我以後再也上不了法語課了。」

現在的天氣在我看來，那麼黑暗，那麼陰森森的，②空氣使人透不過氣來。

病因②：句意不明，是什麼樣的「空氣」呢？

畫眉還在吱吱喳喳地唱歌，好像在用德語

唱，煩死人了。我順手從地上撿起一塊小石子向它們扔去，它們嚇得飛走了。踞木廠後邊的草上，普魯士兵已經要收操了。他們穿著軍裝，帶著盔甲，手持機關槍，表情那麼嚴厲。我不禁打了一個寒顫：太可怕了，分詞比這有趣多了！

走著走著，我來到了鎮公所。還有很多人在那裡看布告。我從遠處清楚地看到：明日，阿爾薩斯學校停止法語課，換成德語課。那個收破爛的也在那裡擠著看布告，他看見我就衝我喊：「喂，小弗朗士，明天你們就要上德語課了，沒有的法語書可以賣我！」

我狠狠地瞪他一眼：「不愛國的東西，只知道收破爛！」我對自己說：「我永遠不會忘記法語，永遠不會忘記韓麥爾先生，永遠不會忘記『法蘭西萬歲』！」

望著前方茫茫的大道，我心裡默默地念著：「法蘭西萬歲！法蘭西萬歲！法蘭西萬歲……」

處方

改爲「沉悶的空氣使人透不過氣來。」

精批

這一個情節安排得非常細緻。

精批

這種「念」可以看作是對未來希望的一種呼喊。

微恙區

點評

小作者很好地繼承了原文的感情基調，充分發揮想像，以稍顯稚嫩的筆觸描寫了小弗朗士在放學之後的所見、所感。習作基本符合續寫作文的要求，整體銜接自然，語言流暢。充分表現了小弗朗士對以前未認眞上法語課的懊悔情緒和對占領者普魯士兵的憎惡。小作者通過與一個收破爛的之間簡短的交談表達了自己的愛國情懷，使文章達到高潮這一情節的設計是該文最大的閃光點。

《最後一課》續寫

鄒舒

我不知道自己是怎樣走出教室的。

就這樣飄飄蕩蕩、像遊魂似的來到街上，腳下像踩著棉花。我從來沒有這樣魂不守舍過。原來在放學的路上，我總會左顧右盼，總覺得一路上鳥語花香，總會被那些好玩的東西所吸引，忍不住停下腳步，看看玩玩。可是今天，一切似乎發生了天翻地覆的變化。我盡量不讓一切收入眼底，可是許多東西作對似的偏要往我眼球裡鑽。

路上，我看到了弗蘭克。我們並沒有像往常一樣飛快地迎上去，爭先恐後地講著班上①發生的什麼事啦、又發現哪裡好玩啦、哪個老師有怎麼樣啦……我們都沉默不語。當我們即將擦身而過的時候，目光相接而後又閃電般

精批：心理刻畫得比較深入，也比較細緻。

病因①：句式不與後文不一致。

處方：改為「又發生什麼新鮮的事啦」。

躲開。何止我們啊！整個街道，今天都死一般地，足以讓人發瘋地沉靜。每個人都滿腹心事，滿臉憂鬱。似乎每個人都欲言又止，嗓子裡像被什麼東西卡住了，再怎麼努力也張不了口。祖國被分割出去了，又有哪個法蘭西人民在這個時候會有一張笑臉呢？

快到鋸木場的時候，我看到普魯士的士兵。我感到熱血沸騰，情緒高漲，我死死地盯住他們，彷彿我的目光是利箭、是火焰。我對他們痛恨到極點。甩甩頭，努力強迫自己不再去想，繼續向前走。可是此時的我心潮澎湃，浮想聯翩。我的心彷彿被鞭子狠狠地抽了一下。

是啊！我們不能逃避現實，②一味地陷入痛苦和無奈，應該團結起來，產生巨大的民族凝聚力，到那時候，我們一定能將侵略者從我們的國土上趕出去！

精批

此處與「我」內心的表達沒有直接聯繫，也說明不了「憤怒」的心情，可以刪去。

病因②

缺少謂語。

處方

在句首加上「不能」。

微恙區

點評

小作者以小弗朗士的眼光和感情續寫了最後一課下課後的情景，全文採用了對比的手法，寫出了小弗朗士內心的仇恨、懊悔的感情，由一個單純無知的孩子變成了一個懂事，愛國的小小少年。字裡行間充滿了眞情實感，想像也合情合理！

健康區

繽紛夢想

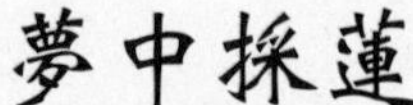

夢中採蓮

胡宇杰

夜涼如水。

凝望月下搖曳的柳枝，不知怎地竟想到了梁元帝的《採蓮賦》，那是一幅多美的畫面呀！有著我這個北方女孩想像不到的神韻！我低頭輕嘆一聲，思緒又飄向了遠方……

朦朧中，竟看見自己身著艷麗的百花青衫，腳穿小巧玲瓏的繡花鞋，頭戴幾朵可愛的香花，長長的雲鬢在微風中輕拂。我突然發現自己坐在一隻精緻的小船上，身邊是同樣打扮的伙伴們，小船在碧波中靜靜地行駛著，船兒划過的地方，留下了我們銀鈴般悅耳的笑聲。依稀望見遠方大片大片碧綠的荷葉和荷葉之間幾朵嬌美的初開的荷花。我驚呆了，一種前所未有的激動與喜悅之情湧上心頭。蕩著小船，我們終於來到了荷葉叢中，絲絲幽香伴著水汽飄過來，沁人心脾。

那猶如綠傘般碩大的荷葉上多多少少灑著珍珠般的露水，煞是喜人。我小心翼翼地折下一片荷葉，露水便順著葉莖輕輕滑落，在翡翠般明淨的湖水中打了一個綠色的漩渦。我把荷葉放在鼻尖輕嗅，一股葉的芬芳令我陶醉。

六月天，艷陽高照，我欣喜地撐起手中碧綠的大傘遮陽，並環視著四周婀娜多姿的荷花，渴望尋覓到一朵最艷最美最令人喜愛的荷花。明媚的陽光下，這些「水中仙子」們越發顯得亭亭玉立、楚楚動人：有的淡若秋菊，純淨潔白；有的紅如楓葉，妖嬈嫵媚；有的迎日而立，好似一位身披彩衣的孤傲公主；有的含苞欲放，粉暈中微露青澀，宛如一位嬌羞脈脈的小家碧玉……這樣多的姿態，這樣美的情調，使我眼花繚亂，應接不暇，心中充溢著滿滿的快樂。躊躇許久，我仍不知該摘下哪一朵，因爲它們都是那樣的美麗啊！我甚至於不忍心摘下這水的精靈，它們是充滿生機與活力的啊！於是，我只是默默地欣賞著眼前這難得一見的美景，默默地祝願著荷花們永遠美麗而富有朝氣……

忽然，耳邊的一聲響把我驚醒，環看四周：窗戶依舊，屋門依舊，明月依舊，柳枝依舊——噢，原來是一場夢！

夜涼，如水……

點評

作者在文中爲我們描繪了一幅如夢如畫的採蓮仙境，使我們的思緒也隨作者一起飄飄欲仙，進入了這個美麗的荷花世界。「我」和伙伴們駕著輕舟，在荷葉間穿行，花靜人動，相映成趣，抒發了作者對荷花的由衷喜愛之情。第四段用了一連串比喻和排比句，使文章氣勢連貫，將荷花的多姿多彩，風情萬種描繪得淋漓盡致，有很強的藝術感染力。結尾與開頭遙相呼應，餘味無窮……

假如地球的壽命只剩三天

楊海裴

假如，有一天人類得知：三天之後，地球將永遠從宇宙中消失。在震驚、恐慌之後，面對最後的三天，我該做些什麼呢？

我想起了與拿破崙齊名的那位美國盲人女作家海倫．凱勒，想起了她那篇飽含深情的文章。她說，如果她的眼睛能復明三天，她將利用這三天去看世界上最美好的事物，然後一一貯存在腦海裡。如果地球的生命只剩下三天，我一定讓自己充滿熱情和愛心去生活。當最後一刻來臨的時候，告別地球和生命，我絕不讓自己留下一絲遺憾。

第一天，我要去體驗眞正的大學生活，這是我讀中學以來的最大願望。上午，我去聽精彩的文學課和哲學課，去藝術的殿堂領悟人生的眞諦。我將把地球的最後一課深深地印在心裡，把人類的偉大智慧印在大腦中，就像海倫把美好的事物一一記在腦海裡一樣。中午，我和朋友們圍坐在一起，回想從前所有的日子，回想地球和人類的歷史，我們要共同呼籲，讓地球人停止一切戰爭和暴力，讓和平的陽光照耀地球，讓所有的人眞誠友好地共同把握這三天，那麼當地球眞的消失之後，人類的情誼和友愛將在宇宙中成爲一種永恆！下午，我要在運動場上打球、跑步，讓青春的血液在我的血

管中快速地流動，我要仔細傾聽自己心跳的聲音，那是生命最後的旋律。晚上的篝火晚會上，我們將要同聲高唱《友誼地久天長》，動聽的歌聲伴我們度過一個良宵。

第二天，我想去童話般美妙的地方——夏威夷。早就想去看看那兒的海、沙灘、大樹，還有善良的老婆婆、可愛的小姑娘，還有用小貝殼串成的項鏈和醉人的吉他聲。陽光下，我要坐在夏威夷式的小木屋前，躺在白色的搖椅上，吃巧克力，讀小說，喝紅茶。據說紅茶能減肥，我的重量小了，大概會幫助地球減輕點壓力吧！我還要去藍色的大海中游泳，在黃昏的微風中散步。時間允許的話，我還要去米老鼠和唐老鴨的故鄉看望那些可愛的小精靈。

第三天，我要去海倫・凱勒的故鄉，我要緊握殘疾人的手，告訴他們，我喜歡海倫・凱勒，大家都應該像她那樣愛事業、愛生活。在最後的日子裡，我眞想把自己的眼球獻給盲人，讓他們看看地球究竟是什麼樣；再把我的雙腿獻給那些終生坐在輪椅中的人，讓他們也能在藍天下盡情奔跑……我希望在他們痛苦的臉上見到歡欣的笑容，所有的人都健康、平安地活著，連同天國中的海倫・凱勒。儘管只有三天，我也要去做我想做的事，看到希望看到的一切。美麗的地球上，人們在最後的日子冰釋了所有的不快，生活一片和平、健康、友好，我們創造了這些，珍惜了這些，於是最後的三天就等於是永恆……

哦，這是多麼的殘酷——假如地球的壽命只剩三天！

點評

　　本文想像豐富，立意新穎。假如地球的壽命只有三天，這是一個多麼殘酷的設想。可是，文中卻絲毫看不出作者的恐懼和沮喪。儘管作者用想像把三天安排得非常緊張，但所表達的，都是對生活的熱愛和摯愛。想像的三天中，有學習，有享受，還有無私的奉獻，體現出作者善良、純樸的美好心靈。

時空無限

方家弘

公元10024年，Σ國際太空站。

這是人類智慧的結晶，利用氣體電離原理製成的離子引擎能讓太空站任意遨遊在太陽系。備用的氫原子核聚變推進器能讓它擺脫一切強大的引力，避免與天體相撞。這座太空站在一年前建造完畢，至今運行得非常好。站長柯爾是一名老資格的宇航員和出色的天體物理學家。此刻他正在螢幕前觀察著太空中的一切。

「一號位報告，一切正常，完畢。」

「二號位報告，維生系統運轉正常，完畢。」「引擎室報告，推進器已調到0.5倍光束，運轉正常，完畢。」看來一切正常，柯爾鬆了一口氣。柯爾今年42歲，在同齡人中他是出類拔萃的。他有一位漂亮的妻子和兩個兒子，他們全在火星上。柯爾此行的目的是去冥王星，並在其軌道上建造一座觀察站，以確定第十大行星是否存在。儘管人類在8000多年前就發現了第九大行星，但人類至今仍不知道究竟有無第十大行星。這座觀察站將給人們一個滿意的答覆。

遠行使柯爾想起了家人，繁忙的工作使他在這種時候才有時間去想念家人。他打開一個抽屜，取出一張照片。這是兩年前拍的，照片上有他的妻子和兩個16歲的兒子。如今兩個孩子都已18歲，長大成人了。柯爾感到十分欣慰。

正沉浸在思念中的柯爾忽然敏銳地察覺到太空站抖動了一下。作爲一名有兩萬多小時飛行時間的宇航員，他當然知道他該怎麼辦。柯爾放下照片抬頭看了一下螢幕，一切正常，並未有撞擊發生。

「站長，怎麼回事？」助手問道。

「也許只是引擎的一點小故障吧。」柯爾雖然這麼回答，但他也感到奇怪，沒有撞擊怎麼會使巨大的太空站抖動呢？正在此時，引擎室傳來了報告。

「站長，一股強大的引力正把太空站以光速吸出太陽系，我已調轉引擎方向，可沒用，怎麼辦？」引擎操控員十分緊張，連「報告」二字也忘了說。

柯爾馬上意識到了問題的嚴重性，一定是有一個巨大的天體在吸引太空站。可是作爲一名權威的天體物理學家，他自然明白這個地區不可能有這樣大的星球。一種不祥之兆湧上他的心頭。

「啓動備用引擎，將離子引擎調至極速，打開自動閃避系統。越快越好！」柯爾對話筒吼道。這是最好的，也是惟一的辦法。他期望備用引擎產生的能量推動一顆小行星的巨大動力能幫助太空站擺脫這股引力。

操作在5秒內完成，此時太空站已在太陽系邊緣。

「離子引擎已調至3.4C，備用引擎打開，閃避系統正常！」

柯爾祈禱著噩夢快些結束，可是他錯了，太空站正以2C的高速飛出太陽系，且速度有增無減。

「站長，自動閃避系統來不及反應了！」

「站長，離子引擎支撐不住了！」

「站長，前方是198X02A恒星，躲不開了！」

柯爾猛地抬頭，見螢幕上標示出一顆巨大的恒星，太空站正以3C的速度向它拉去，而小行星不斷撞擊使太空站完全失控（閃避系統反應的極速是2C）。突如其來的一切摧毀了柯爾堅強的神經系統。「完了。」柯爾癱倒在座椅上，等待死神的降臨……

就在柯爾等人絕望之時，在另一個巨大的時空系統中，一場對話正在進行。這是一個巨大的難以想像的時空系統。我們所處的龐大銀河系的中心只是這個世界中某一個原子的原子核，其周圍的恒星只不過是圍繞原子核的電子雲碎片。無數原子（我們所稱的河外星系）組成了那個世界中的分子和一些基本微粒。這些微粒構成了那些龐大的事物，包括那個世界的「人」。柯爾的太空站正是被那個世界中一台顯微設備所產生的極「微弱」的引力所吸引。這是兩名科學家之間的對話。

「嘿，你快來看這個黑點，這是什麼？」

「我也看到了，它的移動極有規律，似乎是有生命的。」

「其實，在很久以前，我們就猜測在一個比我們微小得多的時空系統中，有生命存在。」

「那麼，這就是生命存在的依據了？」

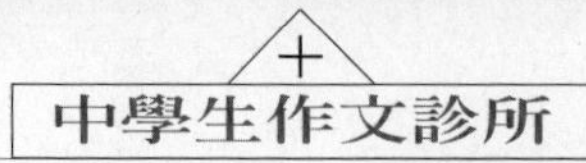

「還不能這樣說，來，讓我把它放大一千億倍看個仔細。」

「得了吧，這個原子早已過了半衰期了。」

「如果那是一種生命的話，那實在太小了。」

「的確如此。」

「難道你沒想到過我們也可能正在被另一個時空系統中的生命在監視嗎？」

「眞是難以想像。」

「其實你只要理解一句話。」

「什麼話？」

「宇宙無窮大！」

點評

這是一篇很有想像力的文章。文章前半部分是常見的星際飛行幻想故事，然而後半部分，主要寫另一時空兩位科學家的對話，這種關於對宇宙的新理解讓人驚奇和欽佩。作者發出「宇宙無窮大」的感慨，很有創造力，而這種創造力就來源於神奇的想像力。

外星系旅行

黃鵬

韋舟駕著他的R-II型兒童跑車在空曠無人的鋼化玻璃高速公路上行駛。他因爲急著到學校參加電腦晚會，所以把車開得飛快。這種新型跑車具有先進的自動減震系統，而且能自動調節方向，駕駛它的人只要能掌握剎車、油門和五個排檔便行了。

四通八達的鋼化玻璃高速公路使原來擁擠不堪的城市的車流量大大分散了，所以韋舟走的這條路線汽車很少。

韋舟忽然發現明亮的月光淡了下來，天空中掠過了一個巨大的影子，接著，一束耀眼的橙色光芒將他連人帶車籠罩住了。

韋舟只覺得身體在飛速上升，然後就失去了知覺……

強烈的光線刺得韋舟睜開了眼睛，他猛地跳起來，發現自己置身於一個橢圓形的明亮大廳內，大廳四壁上閃著五顏六色的光，似乎是一些複雜的電路。韋舟正要叫喊，廳門開了，幾個身穿白衣的人走了進來。

他們的臉閃著金屬般的光澤，眼睛又小又亮，只有兩個鼻孔，一張大大的嘴，像娃娃魚一樣。韋舟十分奇怪，又有些害怕。一個白衣怪人的嘴動了動，發出一串悅耳的聲音：「地球的客人，請不要害怕，我們沒有惡意，只是想請你到

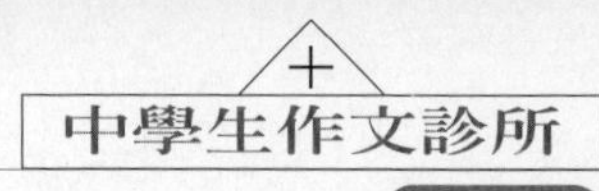

我們的家園去參觀。」他說的居然是流利的地球通用語言——世界語。

韋舟驚奇地問：「你們的家在哪兒呢？」白衣怪人說道：「我們是住在KM星系的人。我叫卡比。KM星系距地球30億光年。」韋舟禁不住叫道：「30億光年？等我到了你們星系，早老了！」那個外星人卡比咧開嘴笑了：「別擔心，我們的飛船速度可達光速的9000倍，30億光年對它來說，不過是短途旅行。」韋舟漸漸不害怕了，與外星球的人們交談著，不知不覺，飛船已在一顆美麗的星球上降落了。卡比打開艙門對韋舟說：「這裡是KM14星球，是KM星系的中心。」

韋舟走出飛船，只見星球上到處是各種美麗而不知名的花草，一座座不知是什麼材料建成的閃著瑪瑙光芒的小樓在花草的映襯下，顯得格外美麗。大街上主要的交通工具是小型陸上飛艇，聽說車輪可懸至1米之高。

卡比介紹道：「這種飛艇採用硬性纖維製成，具有360多千瓦的發動機系統，燃料是高純度人造氫，時速可達1000公里，而且不易損壞，污染也少。」韋舟驚奇得合不攏嘴。

卡比帶韋舟登上一輛飛艇，向宇宙中心駛去。在宇宙中心，韋舟看到了許多他想都想不到的東西，像超級程控火箭、具有傳感系統的航天飛行器、帶有粒子束炮的宇宙戰鬥艇等等。

韋舟心想：KM星系這麼發達，如果他們發起宇宙侵略，後果將不堪設想。誰知卡比竟好像看透了他的心思，笑

著說：「你放心，我們星系人民的共同願望是宇宙永遠和平，我們也正在努力維護宇宙的安寧。你看！」卡比指著街上來來往往的KM星系的人們說：「他們都和平而幸福地生活著。」

韋舟一看，面目雖有些怪的KM星系人的臉上都帶著一種幸福安寧的微笑。

韋舟在卡比的陪同下回到了地球，經過這次奇特的外星之旅，他覺得自己長大了，成了一個關心宇宙和平的眞正的宇宙公民。

點評

本文所寫的是我們常見的科幻故事中的一種——與外星人的交往。這種文章的特點是大膽的幻想、想像。這表現在作者所寫的時代是未來的某一天，其科學技術的發達先進已達到一個相當高的程度。雖然不知這一天何時能到來，但作爲所想像的世界極爲吸引人。本文寫得好的地方還在於與外星人的交往。外星人是什麼樣子，用什麼語言與之交流，KM星系又是什麼樣子，作者對此進行了生動的描述。

童話寓言

一隻工蟻的自述

姜高海

我是一隻小工蟻，生活在一個龐大的螞蟻窩中。我是螞蟻中地位最低的，一天到晚不停地尋找食物，搬運食物。可分食物時，我卻只能得到其中的一丁點兒。蟻后整天養尊處優，不幹什麼活兒，卻總吃得最多。

兵蟻一天只是走來走去，卻也毫不客氣地大口吃我們找回來的食物。

我們一直這樣受著壓迫，受著剝削。正如人們常說的「哪裡有壓迫，哪裡就有反抗」，我們終於不堪忍受這樣的壓迫，起來反抗了。

我們把尋找回來的食物通通藏起來，不讓兵蟻和蟻后吃，告訴他們自己找吃的。就這樣兩天過去了，兵蟻和蟻后沒有找到一點兒吃的，兵蟻餓得已走不動路，蟻后也不再產卵了。

正在這時，以前總是尋機想要侵占我們窩的另一巢螞蟻大舉進攻過來。

我們招架了幾下，自知不敵，馬上回來找兵蟻幫忙，因爲以前都是他們把敵人打退的。可是，此時的他們連路都走

不動，更別說打敗敵人了。我們工蟻立刻感到了事態的嚴重性，急忙把藏起來的食物拿來給兵蟻吃。很快，他們又恢復了往日的英姿，打退了敵人。

打退敵人後，回頭一看，工蟻只剩下我們幾個了，想到日後坐吃山空，等我們老了，後繼無人，豈不是等死？我們終於意識到蟻后的重要性，急忙對已奄奄一息的蟻后進行了搶救。她終於又活過來了。

打那以後，我們工蟻明白了，我們這一窩螞蟻是一個整體，我們不應該計較各自的分工，應該團結協作。只有這樣才能讓我們這一窩螞蟻生生不息，不被螞蟻社會所淘汰。

現在，我們工蟻在尋找、搬運食物時再也沒有怨言了。我們的蟻巢在大家的通力合作下，又恢復了往日的生機和繁榮。

點評

這是一篇表現「團隊精神」的文章。小作者選擇了童話這一生動形象的形式來言理，通過一隻「小工蟻」的自述，講明了「團隊精神」的重要性。語言活潑生動，將深刻的道理隱含在引人入勝的故事中，不知不覺地傳達給讀者，可讀性很強，收到了以事言理的效果。

皮皮和尼尼

劉昕

皮皮和尼尼是海裡的兩條魚。

他們通常結伴而行，像一對情侶似的。尤其是當他們來到淺海灣時，皮皮總愛在水中折射的陽光下扭動他那狹長的身軀，追隨那些漂浮的小蟲子。而尼尼呢，則跟在皮皮後面，很欣賞地看著皮皮的一舉一動。這樣的日子，雖然平淡，卻很祥和。

一天傍晚，天空被染成一片血紅，平靜的海面也彷彿燥熱起來。尼尼和皮皮毫不在意地在水下嬉戲著——皮皮在前，尼尼在後，她不停地想要在皮皮的尾鰭上啄一口；而皮皮呢，他總是很靈巧地一扭就避開了，又轉身向尼尼追去。

太陽下山了，月亮升起來了，皮皮和尼尼玩了一天，都累了。於是，皮皮用身軀輕輕地摩擦著尼尼，尼尼就很暢快地睡著了，在水中很隨意地漂著。皮皮呢，他在四周不停地游著，用心地保護著尼尼，當尼尼向隱匿著危險的海藻漂去時，就趕緊用嘴啄一啄，讓她驚醒，然後漂向別處。

不多時，深邃的海面開始不安分起來，天邊也飄過一片不斷擴展的陰雲，遮住了月亮。驟然之間，電閃雷鳴，海面為之一振——暴風雨就要來臨了。

海面下的皮皮和尼尼一點也不知道海面上所發生的一切，

尼尼依然在悠閑地睡著，皮皮依然在她身邊小心地守候著。

突然，一陣巨浪掀起，皮皮和尼尼被拋到了空中，然後就什麼都不知道了。當一切都平靜下來的時候，皮皮發現自己到了沙灘上的一個積水潭裡，周圍是他的同族和一些各種模樣的異族伙伴。環顧四周，皮皮沒有看到尼尼的身影，他不安起來，四處亂竄地尋找著，終於在水潭的另一邊發現了驚恐萬狀的尼尼。尼尼的嘴大張著，眼睛睜得大大的，恐懼地望著周圍的一切。直到皮皮來到她的身邊，她的情緒才穩定下來。

當早霞再次來臨的時候，皮皮因爲一夜暴風雨的折騰，消耗了太多的體力，禁不住在尼尼的身邊熟睡了。而這時，尼尼也像先前的皮皮那樣，溫情地守護著皮皮……

兩條魚，兩個生命的伴侶。

但是，由於人的貪欲，皮皮和尼尼終究沒有圓了他們幸福美滿的夢——皮皮被曬成了魚乾，尼尼也不知去向。

可憐的皮皮和尼尼！

點評

作者把兩條魚人格化，通過細膩的描寫，展示了它們原本平穩祥和的生活，結伴而行，互相關愛。由於人類對自然環境的破壞，它們遭受了滅頂之災。故事的寓意在於呼喚人類愛護環境，以免破壞別人的幸福；或者說，節制貪欲，共同創造幸福美滿。文筆含蓄細膩，字裡行間流露出作者對人類的貶斥情緒。

故事新編

樓蘭新娘

郭哲

21世紀的某天夜裡，我曲著膝，自在愜意地半躺在沙發上，肩下還挑了個椅墊。我一面漫不經心地注視著螢幕，一面回憶著那個在死亡一千多年之後重返人間的樓蘭女。她將是世界上第一位復活的女人。現代醫學的奇蹟！作爲現場報導的記者，我清楚地記得她蘇醒的每一個細節，太有意思了。電視裡過分急促的聲音打斷了我的回憶：「今天下午5點左右，復活的樓蘭女逃離人體研究院，請知其下落者立即通知該院。」太令人震驚了，她居然逃跑了。不過，我早就反感研究院將她囚禁的做法。既然她已經復活，便不再屬誰所有，理應還她一個正常人的生活，我莫名牽動的心開始爲樓蘭女的安危擔憂。

唉，看電視的興致全沒了，百般無聊地打開家庭監測器，螢幕上的臉讓我大吃一驚，是她！樓蘭女。我嚥下即將脫口而出的尖叫，腦子裡閃電般作出決定：暫時收留她。我將她領進屋子，隨手放了一張CD到音響裡，頓時室內全籠罩在一種優雅、抒情的音樂情調裡，我喜歡德沃夏克的這支《新世界交響曲》。這個世界充滿新奇，譬如眼前這位不速之

客。呀，該死！我竟忘了給她食物，我強迫自己停止了遐思，衝進廚房，打開冰箱，拿出火腿、蛋、番茄，自顧忙了起來。樓蘭女輕輕跟進來，有些猶豫地問：「這裡有很多人嗎？」我一愣，隨即明白她是指音響，我微微一笑，回答說：「這裡除了你我沒有別人。怎麼解釋呢？那是一種發明，嗯，是一種能放出音樂的機器。」

她似懂非懂地點點頭。片刻，我將三明治遞給她，接著，又細細打量起狼吞虎嚥的她。她不再是古墓中那身打扮，小氈帽和皮靴都不見了，換之以研究院的白大袍，赤裸著腿，愈加顯得可憐無助。我輕輕嘆了口氣，對她說：「現在到處有人找你，你打算怎麼辦？」「回樓蘭！」我驚訝於她語氣的堅定。但是，我不得不告訴她，一千多年後的羅布泊畔只剩下樓蘭城廢墟了。她呆了，眼中竟有隱隱淚光，她咬了咬嘴唇，對我低語：「我阿依莎生是樓蘭人，死是樓蘭鬼。」這句話足以讓有豐富的同情心的我捨命陪君子了。既然現代社會無她立足之地，那麼，來於樓蘭且歸於樓蘭就是天經地義的事，只是獨守空城何等淒慘。唉，復活給她帶來的竟是孤獨。突然，我靈光一閃，哈，可以借助老同學黎逸那獲得了諾貝爾獎的新發明——時空超越器，幫助阿依莎重返樓蘭。阿依莎在我的解釋下，從半信半疑變得欣喜若狂，嘴裡不停念著：「阿拉汗，我又可以見到我的阿拉汗了……」我疑惑地問：「阿拉汗是誰？」阿依莎略帶羞色地告訴我，阿拉汗是她的丈夫，她則是個不幸的樓蘭新娘。新婚之日正遇到匈奴強盜襲擊樓蘭城，她被殺身亡。我安撫地拍拍她的手背，望著興高采烈的她，彷彿也感染到家人團聚的喜悅。

第二天，我和阿依莎找到黎逸。黎逸帶上時空超越器，我們三人便一同前往大漠。黎逸駕著飛機在敦煌飛機場平穩地降落下來，然後租了輛沙漠車駛向樓蘭遺址。沙漠車底部類似雪橇，在沙漠上開動不會下陷，而且快速如飛。一會兒，戈壁上便不見人跡，只有滿天滿地的黃沙。那無形的淒涼和蕭索抓住了我的心，籠罩住這輛車。當車穿行於「雅丹地貌」時，那千萬高矮不齊，奇奇怪怪的土崗使一直處於激動之中的阿依莎抽泣起來。終於到達樓蘭古城，殘缺且依然高大的佛塔和那層層疊疊的建築廢墟被紅柳和葦桿、土板築成的土牆圍著。我不由喃喃自語：「原來是姹紫嫣紅開遍，似這般都付與斷壁頹垣……」「喂，神遊小姐，快來幫忙吧。」黎逸「惡毒」地打斷我無限活躍的懷古幽思。我拿了兩個感應器，將其中一個遞給阿依莎，並告訴她，我將親自送她回到那個已逝的年代。「準備好了嗎？」黎逸一副公事公辦的口氣，「歐陽，我再提醒你一次，必須在一小時內要按感應器上的返回電鈕，否則能量一完，你就永遠回不來了。」我抑制不住對這次特殊旅行的興奮，嚷道：「知道了，知道了！」這次，我和阿依莎是要返回傅介子刺殺樓蘭王那年。正想著，便感到一陣暈眩，越來越密的電波把我包裹住並且飛速旋轉，最後形成了封閉的圓柱。我感到身子開始往下墜，彷彿跌入了無底深淵，心裡模模糊糊地想著，這大概就是「時間隧道」吧。終於，好像又回到了地面，我把眼睛睜開，發現仍和阿依莎牽著手。嗬！好熱鬧的街道，商賈輻輳，繁榮之極。城裡居然有不少外國人，不時還可見僧侶宣唱佛號而過。阿依莎帶我穿過好幾條街道站住了，眼裡

的淚水滴落下來，顫抖的聲音，好像自語又好像是告訴我：「到了。」簡單的話卻包含了千萬種情感。我眼眶微潤，推了她一把：「敲門呀，樓蘭新娘。」她一笑，淚水更加不可遏抑。當她一邊敲門，一邊哭著呼喊「阿拉汗」時，我悄悄地走了。不願意在此時打擾她。迎面過來一隊漢人商隊，突然聽見有人喊：「傅介子！」又見一個男子回過頭去，仔細一瞧，好威武的刺客。漢武帝用才有道，這個傅介子若穿了盔甲定有萬夫難擋的氣勢。我不禁一笑，這就是正在發生的歷史。眞可惜，時間不等人，否則我一定去看熱鬧。一按電鈕，又經過來時的折騰後我回到了現實世界。

夕陽欲墜，黎逸正焦急等待，見我回歸，彷彿鬆了口大氣。坐在沙漠車上，我戀戀不捨地回首望去，想起唐玄奘路過樓蘭時的那句話：「城郭巋然，人煙斷絕」，遂唏嘘不已。忽又後悔忘了祝福阿依莎，於是鼓足勁對著古城大喊：「祝福你，樓蘭新娘——」

點評

作者插上想像的翅膀，走到幻想世界中樓蘭新娘的身旁，想像奇特，意境優美，給人留下深刻的印象。作者就出土的樓蘭新娘的屍體展開幻想，一方面幻想她的復活，另一方面又幻想自己借助時空超越器帶領樓蘭新娘回到她的故鄉，回到丈夫阿拉汗的身邊。文章中現實與過去，科學與幻想交織在一起，寫得嚴肅認眞而又饒有趣味，文章既表現了作者助人爲樂、成人之美的高尚品格，又暗含了對樓蘭新娘執著追求愛情、幸福生活的讚美，寄寓著對人與人之間相互關心、和諧相處的美好人生的嚮往，同時還表現了對科學發展的大膽追求，內容豐厚，讀來令人回味。語言表達老練，精巧的結構更是使讀者叫好。

國家圖書館出版品預行編目資料

中學生作文診所：想像作文／李浩英主編. -- 初版. -- 臺北市：萬卷樓, 2007.08

面；　　公分

ISBN 978－957－739－602－0 (平裝)

1. 寫作法 2.語文教學 3.中等教育

524.313　　　96014690

中學生作文診所

—想像作文

著　　者：李浩英 主編　蒲基維 校閱

發 行 人：陳滿銘

出 版 者：萬卷樓圖書股份有限公司

臺北市羅斯福路二段 41 號 6 樓之 3

電話(02)23216565．23952992

傳真(02)23944113

劃撥帳號 15624015

出版登記證：新聞局局版臺業字第 5655 號

網　　址：http://www.wanjuan.com.tw

E－mail：wanjuan@tpts5.seed.net.tw

承印廠商：晟齊實業有限公司

定　　價：300 元

出版日期：2007 年 9 月初版

ISBN 978－957－739－602－0